I0637298

INTERVENCIÓN POLICIAL EN CASOS DE OCUPACIÓN ILEGAL DE INMUEBLES

Juan Rafael Parejo Rubio
Santiago Pérez Otero

INTERVENCIÓN POLICIAL EN CASOS DE OCUPACIÓN ILEGAL DE INMUEBLES.
Copyright © 2025 por Juan Rafael Parejo Rubio y Santiago Pérez Otero
Reservados todos los derechos de autor.
Queda prohibida cualquier copia o difusión total o parcial de esta obra o su inclusión en
otras, salvo autorización expresa de sus autores
ISBN: 978-1-326-54841-4

"Que existan propietarios que sientan indefensión ante la ocupación ilegal provoca la indeseable sensación de deslegitimación de las instituciones."

Pérez y Parejo (2025)

ÍNDICE

INTRODUCCIÓN

El presente libro tiene como fin facilitar a los participantes una guía formativa que integre todo lo relacionado con la ocupación ilegal de inmuebles y en menor medida con el allanamiento de morada, mostrando cómo han ido evolucionando dichos tipos delictivos hasta nuestra época contemporánea, además de la problemática que ha suscitado gran repercusión en el ámbito social, jurídico y policial en nuestro país. Este fenómeno se aborda desde perspectivas histórica, operativa y jurídica y tiene el objetivo de conseguir que tras haber realizado el curso, las actuaciones policiales de los alumnos sean eficaces, proporcionadas y adecuadas a la legislación vigente.

El libro está configurado en tres capítulos que pasamos a describir:

El **Cápitulo 1**, se dedica a desarrollar el análisis histórico y evolutivo del fenómeno de la ocupación ilegal en España, desde sus inicios en la década de 1980 hasta la actualidad. Este módulo estudia los distintos tipos de "okupación", que van desde ocupaciones motivadas por la pobreza hasta aquellas con fines políticos o sociales, donde se reflejan las distintas causas que provocan este fenómeno. Asimismo, se hace referencia a los cambios sociales, económicos y políticos que han influido en su evolución, como la crisis económica de 2008 o el movimiento 15-M. El módulo también hace mención a las principales intervenciones policiales históricas, así como una introducción al concepto de "inquiokupación" y el fenómeno de las mafias de ocupación, lo que permite abarcar esta problemática en toda su magnitud.

En cuanto al **Capítulo 2**, este se centra en los procedimientos de identificación policial en casos de ocupación ilegal, destacando las dificultades operativas y legales que se pueden encontrar los agentes policiales en este tipo de hechos. En este apartado se estudia ampliamente la legislación aplicable, incluyendo todos los límites establecidos por la Constitución Española de 1978 y la Ley Orgánica 4/2015 de Protección de la Seguridad Ciudadana, así como las instrucciones específicas sobre identificación y registros. Este módulo hace especial hincapié en la importancia de guardar un equilibrio entre la protección de los derechos fundamentales de los implicados y el mantenimiento del orden público, destacando la necesidad de que todas las actuaciones policiales deben fundamentarse en los principios de proporcionalidad, congruencia y oportunidad. Del mismo modo, se reseñan los problemas que pueden producirse a la hora de proceder a la identificación de los ocupantes, los posibles obstáculos legales y las consecuencias legales provocadas por la negativa a identificarse, facilitando instrucciones detalladas para salvar estas dificultades sin llegar a vulnerar los derechos constitucionales.

Para finalizar, el **Capítulo 3** se centra en aspectos más operativos dado que analiza minuciosamente el protocolo de actuación policial frente a los delitos de allanamiento de morada y usurpación de inmuebles. Este módulo diferencia claramente ambos hechos delictivos establecidos en los artículos 202 y 245 del vigente Código Penal. El protocolo policial con una metodología basada en la estructuración de los contenidos, forma a los alumnos en los aspectos más importantes de la intervención policial, tales como la recopilación de pruebas, la formalización de denuncias y la ejecución de desalojos, haciendo especial hincapié en la concurrencia de otros delitos relacionados, como la resistencia a la autoridad, el robo o la defraudación de fluidos eléctricos. Esta formación también hace referencia a los procedimientos post-desalojo así como las medidas necesarias para garantizar la seguridad del inmueble así como la tranquilidad de los propietarios. Por otro lado, se detallan todos los pasos que se han de seguir a la hora de confeccionar un atestado vinculado con este tipo de delitos, ofreciendo así al alumno un protocolo de actuación completo y actualizado que les sea de utilidad en su actividad profesional.

CAPÍTULO I

LOS ORIGENES DEL FENÓMENO "OKUPA" EN ESPAÑA

1. LOS ORÍGENES Y EVOLUCIÓN DEL FENÓMENO "OKUPA" EN ESPAÑA

1.1 La "Okupación" en España, evolución, datos e história.

1.1.1 ¿Qué es la "Okupación"

La ocupación ilegal de viviendas, también conocida como **"OKUPACIÓN"**, es una práctica atada a un movimiento social radical; de ahí que se escriba con k, plasmando en sus letras una voluntad de transgresión, surgiendo en nuestro país como un fenómeno social de creciente relevancia que ha conseguido la atención de diferentes ámbitos de la sociedad. Para hablar de su aparición en nuestro país, hay remontarse a la España de finales de los años 70 del siglo pasado, donde ha ido sufriendo una evolución significativa y, en los últimos cinco años, ha experimentado un notable renacimiento. Este fenómeno no sólo se ciñe a la ocupación de viviendas principales, sino que también afecta a segundas residencias y propiedades deshabitadas. Su consecuencia se traslada a los propietarios afectados por la pérdida temporal o permanente de sus inmuebles, generando grandes preocupaciones en materia de seguridad, convivencia y cohesión social en las comunidades donde ocurre.

Detrás de todo esto se esconde una realidad compleja. Por un lado, hay familias que se ven abocadas a ocupar segundas viviendas debido a su situación de pobreza. Según estimaciones, alrededor de 30.000 personas recurren como último recurso a la ocupación debido a la falta de una vivienda para vivir. Este fenómeno se ve agudizado por la dificultad que se enfrentan muchos jóvenes para emanciparse, por culpa de la precariedad laboral así como los salarios bajos que dificultan el acceso a alquileres o hipotecas. A este respecto, también ha surgido el fenómeno de los "pisos patera", donde varias personas se hacinan para compartir los gastos de una vivienda.

Además, la okupación también incluye a grupos organizados, conocidos como **"movimientos okupa"** (del que hablaremos ampliamente en el punto 3), que ocupan viviendas deshabitadas con fines que trascienden la necesidad urgente de alojamiento. Estos grupos, a menudo asociados a mafias, buscan evitar los gastos asociados con la propiedad, como el pago de luz, agua e hipotecas.

1.1.2 Evolución y características del parque de viviendas en España.

El Censo de Población y Vivienda facilita una información muy útil sobre las características del parque de viviendas de España. Indicar que dicho censo, no ha dejado de crecer desde comienzos de este siglo. Durante la primera década el crecimiento fue bastante ostensible ya que se pasó del año 2001 en las que había 21 millones de edificaciones a 25 millones en el año 2010.

Los datos del Censo de Población y Vivienda dilucidan que desde el año 2011 hay un crecimiento de las viviendas en un 5,61%, alcanzado un total de 26.623.708 (según los últimos datos establecidos por el Instituto Nacional de Estadística (INE) en el año 2021) de la que sólo 18 millones son hogares (exactamente 18.539.223, lo que supone 455.531 más que en 2011 (un 2,5% más).

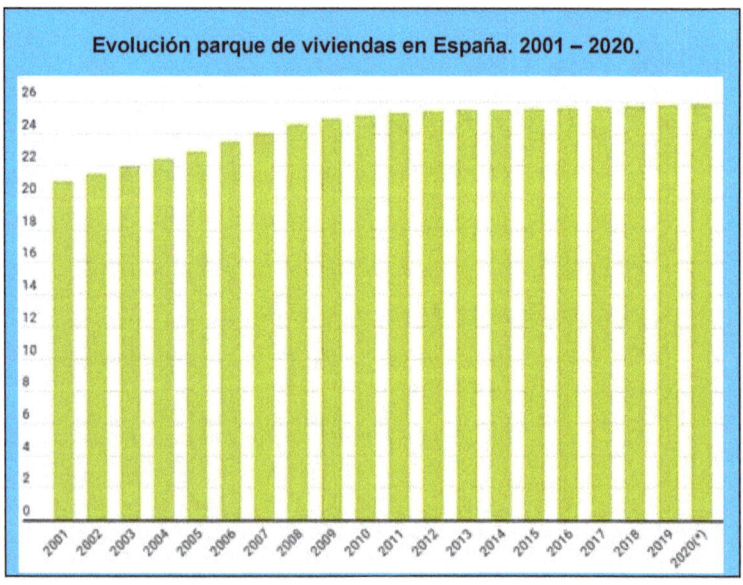

Evolución parque de viviendas en España. 2001 – 2020.

La mayoría de estas viviendas son unifamiliares (66,7%), seguidas de los bloques de pisos (25,3%) y de las viviendas unifamiliares adosadas (8%). En España la forma común de vivienda sigue siendo la propiedad (75,5%) por encima del alquiler (16,1%) y otras modalidades (8,4%).

Evolución del tamaño medio del hogar 1970-2021. Personas

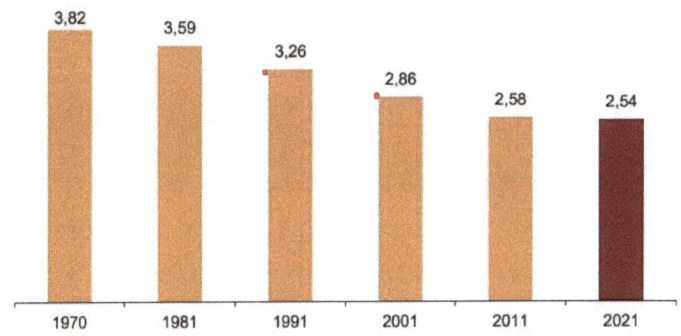

Sin embargo, la antigüedad media en nuestro país es elevada, ya que el 41,38% tienen entre 30 y 49 años, el 29,6% tienen entre 50 y 69 años y el 29,9% tienen más de 70 años. Reseñar, que estos datos indican que el 18,79% de las viviendas principales tienen algún problema de aislamiento. Esta problemática implica que muchas de esas edificaciones necesitan una rehabilitación así como también una mejora de la eficiencia energética.

1.1.3 Situación de la vivienda vacía en España: Datos y distribución territorial

En 2021 el INE añadió en el Censo de Población y Vivienda un nuevo procedimiento para evaluar la vivienda vacía. Esta metodología se basa en el cruce de datos de suministros y gasto energético, lo que permite corroborar de manera más concreta las viviendas que no están ocupadas de forma permanente o temporal (menos de 15 días al año) y por ello no cumplen ninguna función social.

Este procedimiento nos facilita tener una información precisa y actualizada sobre el parque de viviendas vacías en España, incluyendo sus características y distribución territorial.

Estos datos exponen que el 14,41% de las viviendas se encuentran deshabitadas, lo que se traduce a un total de 3.837.328 viviendas vacías. Entre estas, muchas de ellas son residencias de verano que sólo están habitadas durante los meses estivales, mientras otras son herencias de varios sin consenso sobre su destino, lo que contribuye a la proliferación de la ocupación.

Gráfico de uso de viviendas en España

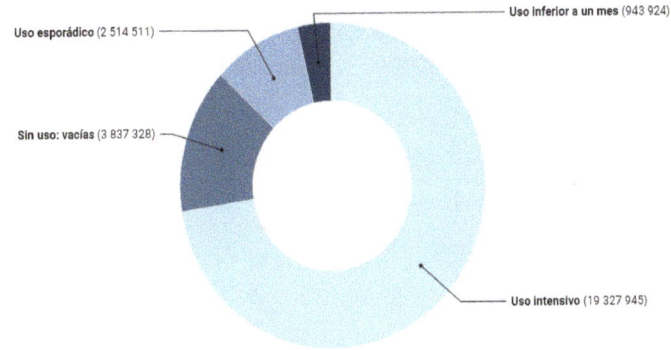

Uso esporádico (2 514 511)

Uso inferior a un mes (943 924)

Sin uso: vacías (3 837 328)

Uso intensivo (19 327 945)

Gráfico: Asociación Provivienda · Descargar los datos · Insertar · Creado con Datawrapper

Respecto al porcentaje de viviendas ocupadas ilegalmente en 2017 (según datos del sector financiero e inmobiliario), en nuestro país existían entre 85.000 y 90.000 viviendas ocupadas de manera ilícita, de las cuales el 80% pertenecían a entidades financieras. Empero, un estudio realizado en el año 2023 por parte del Instituto Cerdá indica que la ocupación ilegal se redujo a 78.800 viviendas, un 10% menos respecto al año 2016. Esta disminución se atribuye a que hay menos edificios vacíos, y a una mejora en la gestión del parque de viviendas con la puesta en funcionamiento de medidas preventivas, como sistemas de vigilancia y seguridad.

1.1.4 Situación de la vivienda vacía en España: Datos y distribución territorial

Como hemos reflejado anteriormente según los datos del Censo de Población y Vivienda del INE de 2021, en la actualidad existen exactamente 18.539.223 hogares. Estos se distribuyen de la siguiente manera: pareja con hijos 33%, mientras que el 22% corresponde a parejas sin hijos. Además, hay que significar que casi 3 millones de personas mayores de 65 años viven solas, constituyendo este dato un 14% de los hogares españoles.

Del mismo modo, estos datos indican que los hogares de dos personas fueron los más comunes en el año 2021, con el 28,1% del total. Sin embargo, este tipo de hogares se ha reducido en 238.091 unidades en comparación con 2011. Los hogares de tres y cuatro personas también han disminuido, mientras que los de cinco o más personas han aumentado en 194.227 unidades en la última década. Por otro lado, los hogares unipersonales en España sumaron un total de 5.001.166 en 2021, lo que supone un incremento del 19,3% respecto a hace 10 años. De estos, 2.089.175 hogares estaban ocupados por una persona sola de 65 años o más (un 22,2%, más que en 2011). En la mayoría de estos casos, el 70,8% se trata de una mujer.

En cuanto a la distribución interior de las viviendas, el 99,37% tienen al menos una habitación, el 21,07% tienen dos habitaciones, el 52,93% tienen tres habitaciones, y el 21,13% cuenta con cuatro habitaciones o más. Un aspecto importante en el interior de las viviendas es el equipamiento básico del que disponen. Se observa que el 82,9% de las viviendas tienen una cocina de al menos 4 metros cuadrados, y el 100% de las viviendas dispone al menos de un aseo.

Un dato revelador es que un 19,04% de las viviendas principales no contaba con un sistema de calefacción. Del 80,6% que sí contaba con calefacción, el gas natural (40,3%) y la electricidad (34,1%) eran los más utilizados. En cuanto al sistema de refrigeración, casi la mitad de las viviendas principales (49,6%) disponían de alguno. Además, se destaca que el 17,33% de las viviendas principales no tenían acceso a Internet.

1.1.5 El problema de vivienda asequible en España

Como hemos reflejado anteriormente según los datos del Censo de Población y Vivienda del INE de 2021, en la El problema de la vivienda asequible en España es una preocupación que va en aumento, que se ve reflejada en los datos extraídos del Censo de Población y Vivienda del INE. Estos datos evidencian la necesidad urgente de activar mecanismos para la rehabilitación de viviendas que incentiven la creación de éstas últimas de forma más eficiente y a precios asequibles. La falta de acceso a una vivienda asequible no sólo menoscaba negativamente la calidad de vida de muchas personas en España, sino que también está relacionada con el aumento de la ocupación ilegal de viviendas.

En el Observatorio de Vivienda Asequible se examinan no solo las causas y consecuencias del déficit de este tipo de viviendas, sino también el fenómeno de la ocupación ilegal, que ha surgido como una reacción a la crisis de acceso a la vivienda. La ocupación ilegal no solo agrava el problema, sino que también refleja la desesperación de aquellos que no pueden acceder a una vivienda digna.

Además, se realiza un seguimiento de las políticas en desarrollo destinadas a paliar esta problemática, que ayudarán a entender mejor esta situación y a proponer soluciones más efectivas para garantizar el derecho a la vivienda en España.

Con la aprobación del Real Decreto 42/2022, de 18 de enero, por el que se regula el Bono Alquiler Joven y el Plan Estatal para el acceso a la vivienda 2022-2025, el Gobierno de nuestro país ha accionado varias medias en los últimos años como consecuencia de éste problema, como es el Plan Estatal de Vivienda 2022-2025, en el cual se establecen incentivos para la rehabilitación de las viviendas en pos de reducir los costes de mantenimiento así como mejorar la eficiencia energética. El plan reseñado busca incentivar el alquiler social, consignando con ello una parte importante de su presupuesto a promover el acceso a viviendas con precios asequibles para aquellas personas con menores recursos.

También habrá que estar, ante lo expuesto en la Ley 12/2023, de 24 de mayo, por el derecho a la vivienda, en la cual se regula el acceso a una vivienda digna. Esta Ley implanta nuevas medidas para regular los precios de alquiler en zonas más discriminadas, la creación de Sistema Estatal de Referencia de Precios, la limitación de los aumentos anuales de alquiler a un 3%. De igual modo otorga beneficios fiscales a los arrendadores que ofrecen alquileres a precios económicos y regulariza los parques públicos de viviendas, aumentando las reservas de suelo para vivienda protegida. Además, se implantan protecciones frente a los desahucios, y se consignan conceptos importantes como "gran propietario" y "vivienda vacía", autorizando a los Ayuntamientos a aplicar recargos del IBI a viviendas desocupadas durante más de dos años.

1.1.6 La "Okupación de inmuebles" en España: Evolución y contexto actual.

La ocupación ilegal de inmuebles en España ha sido y sigue siendo un tema de gran preocupación entre la sociedad española, donde se han incrementado exponencialmente las denuncias. Esta problemática ha desarrollado un debate cuestionando la eficacia de las políticas de vivienda y la respuesta del sistema judicial para con éste tipo de delitos.

En nuestro país son necesarios 20,5 meses de media para desalojar a un okupa entre los procedimientos de los Juzgados de Primera Instancia y los de las Audiencias Provinciales según los datos del Consejo General del Poder Judicial (CGPJ). Respecto a los datos del Ministerio del Interior, se puede constatar que el número de denuncias por ocupación ilegal se ha acentuado en los últimos años. Como muestra decir, que mientras en el año 2017 se formalizaron 10.619 denuncias, la cifra se incrementó en un 62,7% en 2021, alcanzando las 17.274 denuncias. No obstante, en 2023, el número de denuncias disminuyó un 11,49%, situándose en 15.289. Por tanto, esto viene a decir que, aunque la ocupación ilegal sigue siendo un problema relevante, también ha habido una mayor sensibilización y voluntad de los propietarios de denunciar.

Sin embargo, este problema se magnificó más aún en el año 2020 durante la pandemia COVID-19, cuando muchas familias perdieron sus puestos de trabajo y por ende, también sus viviendas, lo que provocó un aumento de casos de ocupación.

Dentro de este aspecto hay que decir que España, cuenta con un parque inmobiliario que sobrepasa los 26 millones de viviendas situándose la población en 48.592.909 habitantes (INE 2024). Se puede considerar que la tasa de vivienda en España es bastante favorable en relación a otros países europeos. Sin embargo, la ocupación ilegal sigue afectando a gran parte del parque de viviendas vacías.

Es de suma importancia diferenciar –aunque luego los explicaremos más detalladamente- los dos principales delitos relacionados con las ocupación de viviendas: por un lado el allanamiento de morada que afecta a viviendas habitadas o segundas residencias y representa sólo el 5% de las denuncias y por otro la usurpación que se refiere a inmuebles vacios o desocupados que suponen el 95% de los casos. Estas últimas afectan a viviendas que pertenecen a entidades financieras y fondos de inversión que poseen un número bastante elevado de viviendas que adquirieron durante la crisis económica de la década pasada. Estos inmuebles "vacíos" que se ubican en zonas urbanas o periféricas son el principal objetivo de los usurpadores.

A continuación, se plasman dos gráficos que ilustran la evolución de los delitos reseñados en el párrafo anterior en España desde 2017 hasta 2022.

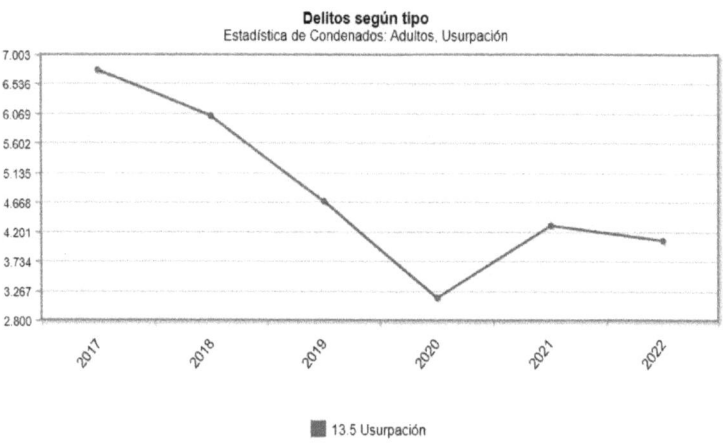

A pesar de que generalmente, el problema de la ocupación en España afecta a un número limitado de viviendas en comparación con el vasto parque mobiliario que dispone nuestro país, sigue siendo un problema tanto para los propietarios individuales como para las entidades que gestionan un gran número de inmuebles. En el trasfondo estadístico se puede decir que el 40% de las denuncias que se producen en España se formalizan en Cataluña en concreto en Barcelona donde el fenómeno es particularmente intenso.

Para terminar este apartado, se puede reseñar que, aunque la ocupación ilegal afecta a un porcentaje muy bajo el parque inmobiliario español, la complejidad de los desalojos y la concentración del fenómeno en zonas concretas, como la región catalana, evidencian la necesidad de mejorar la celeridad en la respuesta judicial. Del mismo modo es esencial establecer políticas de viviendas más eficientes que sirvan para prevenir y mitigar este tipo de situaciones.

1.2. ¿Qué es el movimiento "okupa"? Tipos de ocupación.

El "Movimiento Okupa" es un movimiento social radicalizado, que propugna la ocupación ilegal de propiedades, generalmente abandonadas o desocupadas temporal o permanentemente, cuyo fin se basa en su utilización como vivienda o en su caso para otros fines. Como veremos en el apartado 4, este movimiento ha ido evolucionando a lo largo de los años, reflejando distintas motivaciones así como contextos sociales.

A través del autor, Hans Prujit hemos extraído a través de su libro *"¿Dónde están las llaves? El Movimiento Okupa: Prácticas y Contextos Sociales,"* las distintas variantes que se establecen en el fenómeno de la okupación, las cuales presentamos a continuación:

1.2.1. Ocupación motivada por la pobreza.

Este autor expone que este tipo de ocupación lo efectúan personas sin recursos económicos que carecen de una vivienda. Estas familias que encuentran severas dificultades para acceder a un hogar, recurren a ocupaciones puntuales durante el mínimo tiempo hasta que abandonan la situación de vulnerabilidad. Usualmente suelen instalarse en lo que fue su vivienda, si ésta ha sido embargada, o bien en las proximidades de la misma. No obstante, en la actualidad, los servicios sociales que proporcionan las distintas administraciones ofrecen múltiples soluciones a las familias que se ven en riesgo de ser expulsadas de sus hogares, por lo que cada vez existen menos casos de ocupación motivada por la pobreza.

Al igual que en la okupación, los activistas son la columna vertebral del movimiento, ayudan a las personas a encontrar lugares seguros para vivir y ofrecen apoyo a quienes más lo necesitan. La figura del okupa suele dejar de lado a personas sin hijos o a aquellas que, aunque tengan hijos, no conviven en pareja.

Los edificios ocupados suelen ser viviendas desocupadas, donde no vive nadie, y no sabemos el porqué no se utilizan. El fin de estas acciones es criticar la ineficiencia del gobierno y cuestionar porque no se hace un buen uso de la propiedad privada.

Un ejemplo notable de este tipo de ocupación ocurrió en Brighton en 1945 con la campaña de los "watchers". Los ocupantes se apoderaron de casas que solo se usaban unos pocos meses al año, lo que demuestra la existencia de muchas propiedades vacías mientras la gente necesita viviendas. Esta acción provocó la creación de una ley que permitía al gobierno británico tomar control de ciertas propiedades, aunque su aplicación se limitaba a las ciudades donde el partido laborista tenía influencia.

1.2.2. Ocupación como acción alternativa a la vivienda.

Hans Pruijt sostiene que el término "okupa" no se limita a un grupo específico de personas, sino que incluye a una amplia gama de individuos. Este grupo incluye desde padres que luchan contra la falta de vivienda hasta aquellos que quieren vivir en comunidad, y se enfrentan a obstáculos como consecuencia a la escasez de regulaciones adecuadas. Del mismo modo, incluye a personas que, aunque provienen de un entorno de clase media, deciden dedicarse a actividades que no les reportan mucho dinero, como ocurre con muchos artistas.

Estos individuos buscan liberarse del control de las autoridades y de las tradicionales formas de construir viviendas. En lugar de sumarse a los más vulnerables, pretenden crear su propio territorio, donde vivir fuera de los límites de las normas sociales establecidas, lo que en última instancia determina el tipo de propiedades en las que eligen establecerse. Estos espacios pueden ser edificios antiguos, que ya no se utilizan para negocios, apartamentos deteriorados que se han puesto a la venta pero que no serán demolidos, o casas elegantes que están vacías y esperando a que alguien se mude.

Los "Colectivos antisistema" asociados a la ideología de izquierda radical, también practican la ocupación. Viven en comunas, ocupando casas abandonadas o zonas del extrarradio, que suelen deteriorar pintándolas con proclamas de índole política y organizando "actividades culturales" donde tratan de propagar su ideología. Aún, cuando la mayoría de estos colectivos no realiza actividades delictivas, algunos pueden pueden verse involucrados en delitos menores (trapicheo de drogas, pequeños hurtos, robo de suministros etc...)

Los okupas fundamentan sus acciones como una forma de protestar pacíficamente por la falta de viviendas asequibles en la ciudad. No consideran estos espacios como lugares para vivir, sino como una manera de enfrentarse a un sistema que creen que no está haciendo lo suficiente para ayudar a las personas a encontrar un hogar digno y así presionar para que se emprendan políticas más justas. Para estas personas la ocupación no sólo se atañe como una solución individual a un problema colectivo, sino también como una herramienta para cambiar las estructuras sociales y económicas que eternizan la desigualdad.

1.2.3. Ocupación con fines sociales y comunitarios.

Cuando las personas ocupan espacios con fines colectivos, emergen diversos tipos de centros sociales (comunitarios o culturales), sin necesidad de mucho dinero. Estos últimos son lugares donde las personas se reúnen, comparten sus pensamientos y participan en actividades que fomenten la unidad y empoderen a la comunidad.

Según Ruggiero (2000), estos centros desempeñan un papel importantísimo a la hora de unir a las personas y ayudarlas a sentirse conectadas, especialmente en circunstancias en las que pueden sentirse aisladas o distanciadas de las estructuras que habitualmente les dan su identidad, como las oficinas, sindicatos o partidos políticos, que ya no son tan populares. Igualmente facilitan oportunidades a las personas que no tienen trabajo para contribuir a la comunidad y se sientan partícipes de la misma. En definitiva, es un lugar donde trabajan todos juntos y se apoyan mutuamente.

La Carta de Milán se creó para liberarse del aislamiento y disminuir los conflictos entre las Fuerzas y Cuerpos de Seguridad del Estado y el discurso anti institucional, cambiando la perspectiva de las instituciones simplemente opuestas a la búsqueda de puntos en común. En lugar de desafiar directamente a las instituciones, se aconseja un enfoque más estratégico, donde los individuos se infiltran sutilmente en las instituciones locales para iniciar un diálogo que no tiene que ver con la sumisión.

1.2.4. Ocupación conservacionista: Una estrategia para la protección del patrimonio.

Esta ocupación conservacionista, es una estrategia de acción directa destinada a salvaguardar el patrimonio natural y cultural a través de la ocupación de espacios amenazados por proyectos de desarrollo. Esta disyuntiva, arraigada en los movimientos sociales urbanos, implica la apropiación de terrenos o edificios para evitar su degradación, demolición o transformación en usos que vayan en contra de su valor ambiental o histórico.

A diferencia de otras formas de ocupación, esta acción tiene un sólido componente ideológico y político. Las personas involucradas, fieles defensores del medio ambiente o cultural, exponen que la conservación del patrimonio natural y construido es un bien de especial protección que debe salvaguardarse de cualquier tipo de interés privado o del ámbito especulativo inmobiliario. Estos activistas, al ocupar este tipo de espacios pretenden acentuar su importancia, incentivar el debate público y con ello generar conciencia en la sociedad sobre la necesidad de preservarlos.

1.2.5. Ocupación política.

Este apartado se refiere a que la ocupación se transforma en un instrumento fundamental para provocar al poder, denunciar las injusticias sociales y establecer alternativas al modelo instaurado, por tanto, tiene un fuerte arraigo ideológico e investiga aparte de satisfacer las necesidades de vivienda, la promoción de cambios políticos y sociales. Dichos espacios cuando son ocupados, con frecuencia se convierten en centros de organización y acción política, contraviniendo al poder y planteando alternativas al sistema establecido.

Pruijt destaca el origen de la ocupación política en Amsterdam con la aparición del "Woongroep Staasleiderburt", el cual se organizó en grandes ocupaciones de viviendas sociales en las que denunciaban las deficiencias del sistema de concesión de viviendas así como la carencia de acceso a una vivienda digna. En definitiva, como se ha dicho en el anterior apartado, los "okupas" no sólo buscaban una vivienda donde vivir, sino que cuestionaban las políticas públicas y las desigualdades sociales latentes.

El objetivo de este modelo de ocupación es reivindicar el acceso a una vivienda digna ante la crisis habitacional y la insuficiencia de políticas públicas efectivas, al mismo tiempo que denuncia las desigualdades sociales.

1.3. Historia y evolución del movimiento "okupa" en España e intervenciones policiales destacadas.

El Movimiento Okupa en España, es una forma de resistencia y protesta social, la cual ha recorrido una trayectoria compleja desde sus inicios en los años 80. Para entender su alcance y evolución, es esencial examinar sus distintas etapas históricas y sus características esenciales.

1.3.1. Primera etapa: Los inicios del movimiento "okupa" (1980-1995)

Los acontecimientos acaecidos en Europa en el año 1968, como las protestas estudiantiles en el Mayo Francés y la liberación política de la Primavera de Praga, fueron el punto de ebullición que marcaron un cambio en los movimientos sociales en Europa. En nuestro país, la influencia de estos movimientos se encuentran acotados por el contexto político que imperaba con la dictadura franquista. En nuestro país no fue hasta entrados en los años 80 (coincidiendo con el proceso de transición hacia la democracia) cuando el "Movimiento Okupa" comenzó a expandirse.

Martínez López (2004) señala que la motivación de los usurpadores se centraba en la ocupación de edificios vacíos, utilizados para la especulación inmobiliaria, especialmente en barrios en situaciones de vulnerabilidad social pertenecientes a grandes ciudades, donde las desigualdades sociales eran más palpables.

El "Movimiento Okupa" surgió dentro de las circunstancias establecidas en la transición post-franquista, donde un grupo de jóvenes descontentos se enfrentó con el sistema establecido. Una de las causas principales de esta controversia radica en la oposición al servicio militar obligatorio, una carga que muchos jóvenes veían como una imposición autoritaria.

Las primeras ciudades que sufrieron las "okupaciones" fueron Madrid, Barcelona o Valencia afectando a las viviendas y locales deshabitados, que rápidamente se transformaron en Centro Sociales Okupados y Autogestionados (CSOA). Estos centros se utilizaron para actividades culturales y políticas de carácter antisistema, quienes ofrecían espacios alternativos y comunitarios a diferencia de la vida urbana convencional. Pese a las políticas de represión del gobierno (detenciones y desalojos), el movimiento no sólo persiste, sino que incluso se expandió, superando los intentos de desalojos y aumentando su visibilidad en el espacio urbano.

Hay diferentes opiniones respecto al origen de dicho movimiento en nuestro país. Mientras algunos autores, como Igor Sábada Rodríguez y Gustavo Roig Domínguez, sitúan su inicio a mediados o finales de los 80, como resultado del "desolador panorama de la izquierda española", otros, como David Fernández, apuntan que la primera "okupación" se produjo en Barcelona en 1984. Sin embargo, Ramón Adell Argilés señala que el germen del movimiento se encuentra en Madrid en el año 1985, en concreto en la calle Amparo n° 83 (se convirtió en el primer CSOA), influenciado por las experiencias de los okupas ingleses (squatters) y holandeses (krakers).

Considerándose éste último en uno de los hitos más importantes del movimiento okupa en Madrid, iniciándose en el año 1985 donde un grupo de jóvenes pertenecientes al **Kolectivo de Okupantes de la Kasa de Amparo (KOKA)** ocupó un edificio en la calle Amparo, en el barrio de Lavapiés. Dicho edificio era propiedad de UIPIC S.A. el cual llevaba varios años abandonado.

Por tanto la **actuación policial** en este sentido estuvo paralizada hasta mientras tanto no tuvieran una orden judicial para intervenir, so pena del interés policial por solucionar el problema.

No obstante, el desalojo se produjo el **11 de noviembre de 1985**. El **GEO** (Grupo Especial de Operaciones) intervino por la mañana, deteniendo a trece personas. El desalojo se caracterizó por su violencia y carácter represivo. Los okupas denunciaron golpes, detenciones arbitrarias y malos tratos por parte de los agentes.

La actuación policial en este desalojo fue muy criticada, ya que se cuestionaba la proporcionalidad de la fuerza ejercida, así como la vulneración del respeto de los derechos fundamentales de los okupas.

Tras el desalojo, se organizaron varias manifestaciones, donde según crónicas de la época, la policía volvió a intervenir con dureza. Esto hizo que esta ocupación y su posterior desalojo se convirtiera en un símbolo de la represión policial y la resistencia juvenil.

Para hablar de otra actuación destacada de la misma índole hay que ir hasta el **18 de mayo de 1994**, donde se produjo en Madrid el **desalojo de la Fábrica de Minuesa,** situándose esta última en la Ronda de Toledo. Este edificio industrial estuvo ocupado desde 1988 por un colectivo que se transformó en un CSA. Durante 6 años se convirtió en lugar de actividades culturales, políticas y sociales. En este caso, se desarrolló un gran dispositivo policial donde se enumeraron unos cien antidisturbios, policías nacionales y locales incluyendo también helicópteros y ambulancias. La operación duró varias horas, los "okupas" para impedir el desalojo policial, bloquearon la entrada con objetos y muebles. Sin embargo, la operación policial terminó cuando fueron desalojados y finalmente varias personas fueron detenidas.

Este desalojo también provocó disturbios en distintas zonas de la capital (Lavapiés, Atocha y Embajadores), donde los simpatizantes del centro social intentaron manifestarse contra la actuación policial.

Las circunstancias acaecidas marcaron un punto de inflexión, el cual sirvió para iniciarse otras acciones similares en Madrid, siendo por tanto clave para la creación de la **Asamblea de Okupas de Madrid**

Para finalizar, hay que añadir que tras la aprobación del vigente Código Penal en el año 1995, en el cual se iguala penalmente tanto la okupación ilegal como la insumisión al servicio militar obligatorio (vigente en aquel momento, siendo finalmente abolido en diciembre de 2001), coincidió con el final de esta primera etapa, marcada por la consolidación de los primeros movimientos de okupación.

1.3.2. Segunda etapa: Consolidación y conflicto (1995-2000)

A mediados de los años 90, el movimiento okupa se incrementó de manera exponencial, transformándose en un referente de la contracultura y la resistencia social. Los Centros Sociales Okupados (CSO) se consolidaron como espacios autogestionados ofreciendo un modelo de vida comunitaria, desafiando los modelos de consumo y las relaciones de poder establecidas.

El auge de las ocupaciones generó un aumento de la alarma social y política, ya que estas fueron consideradas una amenaza contra el orden público y la propiedad privada. Las autoridades no dudaron en actuar, recrudeciendo su represión con la aprobación del vigente Código Penal en 1995 que tipifica la ocupación de viviendas como delito. Esta acción, puesta en marcha por las presiones de sectores inmobiliarios y conservadores, buscaba disuadir las ocupaciones y proteger los derechos de los propietarios. Sin embargo, la criminalización de la ocupación radicalizó el movimiento, aumentando su visibilidad y por ende, el número de ocupaciones no disminuyó.

El conflicto se agudizó con enfrentamientos entre okupas y las fuerzas policiales, como los ocurridos durante la ocupación del Cine Princesa de Barcelona en 1996. Este edificio en desuso durante años, fue ocupado por un grupo de jóvenes que lo convirtieron en un CSA.

La actuación policial en este sentido, fue de gran envergadura. Desplegando un gran número de antidisturbios y el desalojo desembocó en violentos enfrentamientos en las calles de Barcelona. Los "okupas" y sus simpatizantes opusieron resistencia durante varias horas, continuando las protestas después del desalojo. Este hecho no sólo marcó el fín de uno de los centros más representativos del movimiento okupa en Barcelona, sino que también supuso un giro radical en la relación entre el movimiento y las autoridades que comenzaron a intensificar sus actuaciones.

Este caso tuvo en su momento una gran repercusión mediática y tras el desalojo, las protestas y movilizaciones continuaron, y el debate sobre la okupación tuvo una revelación política mayor en Cataluña.

1.3.3. Tercera etapa: Adaptación y resilencia (2001-2008)

Con la llegada del nuevo milenio, el Movimiento Okupa comenzó a estabilizarse. Aunque a primera vista se produjo una reducción de las ocupaciones directas, esto no supuso el fin del movimiento, sino que la proliferación de Internet permitió a los okupas organizarse de manera más eficaz, facilitando la coordinación y la difusión de información a través de manuales y foros en línea. Esta nueva capacidad de comunicación ayudó a los okupas a enfrentar la represión estatal de manera más eficiente.

Los procesos de desalojo se volvieron más rápidos, sin embargo en el momento de aplicar las penas, los juicios se retrasaban varios años, lo que favoreció que los okupas continuaran los intentos de ocupación sin temor a consecuencias punitivas inmediatas.

Durante esta etapa se distinguen dos elementos de restructuración del movimiento. Por un lado, se crearon centros sociales autogestionados que no eran "okupados", sino alquilados o comprados, lo que permitió mejorar las actividades realizadas por los CSOA. Por otro lado, la unión con el movimiento alter-globalización extrapola los vínculos internacionales, lo que llevó a la participación activa en manifestaciones relevantes en Europa.

A pesar de que, en un principio, se observó una disminución en las ocupaciones directas, el "Movimiento Okupa" se adaptó a un nuevo contexto político y social. La creciente represión estatal, sumada a la crisis económica de 2008, obligó a los activistas a buscar nuevas formas de organización y acción. Esta etapa también fue testigo de una mayor articulación con otros movimientos sociales, como el 15M, que permitió ampliar la base social de la lucha por el derecho a la vivienda. El legado del movimiento okupa, discutible o no, no ampara discusión alguna: visibilizó la problemática de la vivienda, cuestionó el modelo neoliberal e inspiró a nuevas generaciones de activistas. No obstante, los retos siguen siendo numerosos, y es necesario seguir trabajando para garantizar el derecho a una vivienda digna para todas las personas.

Conforme a las actuaciones policiales destacadas que se produjeron en este periodo, cabe destacar el CSOA Les Naus, en el Barrio de Poblenau, Barcelona, el cual fue un espacio ocupado desde principios de los años 2000. Su desalojo se produjo en el año 2004. Dicho desalojo no estuvo exento de polémica, ya que los okupas opusieron una resistencia hostil lo que provocó un enfrentamiento con la policía que se prolongó en el tiempo. El desalojo fue muy violento donde se produjeron heridos y muchas detenciones.

1.3.4. Cuarta etapa: Crisis y radicalización: El movimiento "okupa" en la España contemporánea (2009-actualidad)

En esta etapa, la ocupación ilegal de inmuebles ha cobrado mayor relevancia en el contexto social y jurídico español, especialmente tras la crisis económica de 2008, que dejó a muchas personas en situación de vulnerabilidad habitacional. A esto se suma el descontento de la juventud española con el sistema económico-social, lo que provocó que el "Movimiento Okupa" se consolidara como una opción sólida ante las dificultades para acceder a una vivienda. Asimismo, este contexto se vio influenciado por la mezcla del citado "Movimiento Okupa" con otros movimientos que emergieron como resultado de la crisis, como el 15-M, las Mareas en Defensa de los servicios públicos o las Plataformas de Afectados por las Hipotecas (PAH).

También cobró especial importancia el citado Movimiento 15-M que emergió en mayo del 2011, que en su momento tuvo mucha influencia en la sociedad. Esto conllevó a la movilización y, en su caso a la creación de diversos colectivos, revitalizando a otros (como el Movimiento Okupa), principalmente de ideología de izquierda. Como consecuencia de la importancia de este movimiento surgió el partido político "Podemos" cuya estructura funcional tenía ciertas similitudes con la del movimiento. Del mismo modo, el 15-M (dado el impacto que generó en la sociedad), supuso un nuevo enfoque en la ocupación de centros sociales y fortaleció alianza con otros movimientos como el ecologista y animalista. En 2012 se produjeron numerosas ocupaciones con el objeto de realojar en viviendas a personas desahuciadas, lo que incrementó la popularidad del

Movimiento Okupa y su consolidación en la sociedad española.

Posteriormente, en la era post-pandemia, aprobó una nueva Ley de okupas en 2022 que introdujo cambios significativos en la dinámica del movimiento. La legislación, vigente desde el 8 de marzo de 2023, ha agilizado los procesos para que los propietarios denuncien la ocupación, destacando la agilización de los procedimientos administrativos y judiciales para que puedan recuperar de forma más rápida sus viviendas. Reseñar que la ley original incluía en una de sus disposiciones la obligatoriedad a los grandes tenedores de ofrecer sus viviendas en alquiler social; sin embargo, esta parte fue declarada inconstitucional por el Tribunal Constitucional.

En relación a lo expresado en éste apartado, y colación de las **intervenciones policiales más notorias** en el tema que nos concierne, recientemente, el 11 de mayo de 2023 se vivió un ambiente de tensión y violencia en el barrio de **La Bonanova** de Barcelona, donde se ha generado uno de los conflictos más recientes y relevantes en la ciudad. El conflicto en sí, se determinó entre los vecinos del lugar y los okupas que estaban usurpando los edificios Kubo y la Ruina que pertenecían al SAREB.

La actuación policial se llevó a cabo, una vez tuvo en su poder una orden judicial para poder actuar, lo que llevó a enfrentamientos violentos entre los ocupantes y los antidisturbios. El desalojo fue masivo y contó con un despliegue destacado de recursos policiales, lo que provocó disturbios en el barrio. Sin embargo, la actuación policial fue muy criticada por sectores de la sociedad que consideran que el problema de la vivienda en Barcelona sigue sin resolverse, mientras que otros argumentan que las okupaciones perjudican a los propietarios y vecinos

Estos okupas, que se identifican como parte del movimiento anarquista, exigen la disolución del Estado, la entrega de armas y la suspensión de los desahucios en España. Estas demandas son representativas del radicalismo y la creciente polarización en España.

1.4. Otras formas de "Okupación": La "Inquiokupación".

1.4.1. Cuando el inquilino se convierte en "Okupa"

Aunque lo que nos ocupa (valga la redundancia) es la "okupación", también hacemos referencia al concepto de "inquiokupacion". Este término, compuesto por las palabras "inquilino" y "okupación", describe una variedad de delitos que afectan cada vez más al sector de la vivienda y del alquiler. En este caso, el inquilino firma un contrato de alquiler perfectamente legal, abona dos o tres meses de renta así como la fianza, pero posteriormente deja de pagar intencionadamente. De este modo, el okupa accede a la vivienda legítimamente, sin tener que recurrir a la violencia o al deterioro del inmueble.

La "inquiokupación", ha sido uno de los aspectos que han provocado el incremento de casos de ocupación durante la ya comentada crisis económica de la década pasada. En los últimos dos años se ha producido un aumento de denuncias de hasta un 70%.

Según los datos proporcionados por la Plataforma de Afectados por la Ocupación, éste fenómeno se ha convertido en la forma de ocupación más habitual en España, alcanzando la cifra de 25.000 casos, De estos, el 70% de los desahucios de vivienda a situaciones de embargo de alquiler, frente al 30% que sería para el desalojo de okupas sin contrato de alquiler.

Es importante reseñar que, en los casos de "inquiokupación" queda desvinculado del hecho delictivo el allanamiento de morada, ya que el contrato de alquiler reconoce a la vivienda alquilada como la morada de esa persona. Por lo tanto, Las Fuerzas y Cuerpos de Seguridad en su actuación policial, no podrán desalojar inmediatamente al inquiokupa. Legalmente, este vacío legal se solventa considerando al inquiokupa como un inquilino moroso, por lo que el propietario debería iniciar los trámites judiciales para desalojarlo lo antes posible.

Los jueces y magistrados, que no son ajenos a esta problemática, debatieron a finales de mayo de 2024 sobre este y otro asuntos durante las XXII Jornadas de Presidentes de Audiencias Provinciales, celebradas en Valencia, sobre la "inquiokupación" y otros temas relacionados (entre ellos la nueva Ley 12/2023, de 24 de mayo, por el derecho de vivienda). En sus conclusiones, indicaron que la vía reclamación para el arrendador sería recurrir a un procedimiento civil de desahucio, a excepción de que los hechos derivasen en delito de estafa. De igual modo, se propuso incluir el delito leve de usurpación de bienes inmuebles tipificado en el art. 245.2 CP entre los supuestos de juicios inmediatos del art. 962 LECrim.

El Movimiento Okupa en España, es una forma de resistencia y protesta social, la cual ha recorrido una trayectoria compleja desde sus inicios en los años 80. Para entender su alcance y evolución, es esencial examinar sus distintas etapas históricas y sus características esenciales.

1.4.2. ¿Cómo se podría detectar a un inquiokupa?

Aunque las apariencias engañan, existen indicios característicos que podrían alertar al propietario que está negociando el alquiler con una persona que podría "inquiokupar" su vivienda.

a) Pago de más mensualidades de las necesarias.

Si un potencial inquilino insiste en abonar más de una mensualidad de las mínimas requeridas por contrato (mes actual o próximo, más fianza), esto podría ser una señal de alerta. Disponer inmediatamente de más dinero del que marca el contrato puede ser una manera de "cegar" al propietario, quien podría no dudar en alquilarle la vivienda.

b) Falta de justificación de sus ingresos.

En el momento de alquilar un inmueble, es de suma importancia verificar la solvencia económica de los candidatos a inquilinos. Solicitar documentación relacionada con la declaración de la renta, nóminas o vida laboral ayuda a valorar si podrá hacer frente al pago de la renta.

En el caso de que se niegue a facilitar dichos documentos, puede ser una señal inequívoca de que tiene la intención de "inquiokupar" el inmueble y posiblemente pretenda sortear esta verificación abonando al instante varias mensualidades como se ha referido en el apartado a.

Sin embargo también sería susceptible de engaño, que el candidato facilitara documentos incompletos o incoherentes.

c) **Insistir que los contratos de los suministros estén a nombre del propietario.**

En este caso, el "inquiokupa" sabe que es ilegal que el propietario corte los suministros de la vivienda (agua, luz, gas), pues el propietario podría incurrir en un delito de coacción. Por eso intentará por todos los medios que los suministros estén a nombre del propietario porque así se aseguraría el suministro "indefinido" y gratuito de agua, luz y gas.

1.5. Las mafias de okupación.

A raíz de la crisis económica de 2008 que afectó gravemente a nuestro país, se produjo un aumento importante de inmuebles vacíos. Esto, a su vez, hizo que incrementaran las ocupaciones ilegales maquinadas por mafias y grupos organizados. Estas "organizaciones criminales", nacionales o internacionales, operan al margen de la ley, sin embargo si tienen un amplio conocimiento de la misma. Se dedican a apropiarse de inmuebles vacíos (pisos, edificios, etc...), para después comercializar con su uso. Los inmuebles son ofertados bien como alquiler o en su caso, vendidos a través de la entrega de llaves; en otros casos, son usados como "narcopisos" o para utilizarlos igualmente en beneficio de otras actividades delictivas (tráfico de drogas, blanqueo de capitales o la trata de personas).

Estas mafias no sólo se ciñen a la usurpación de inmuebles, sino que sus actividades también están relacionadas con los desórdenes públicos de gran intensidad y vinculadas con actos ilícitos más graves (amenazas, robos, extorsión, intimidaciones etc...). La presencia de estos grupos no sólo acaba degradando a barrios enteros, sino que potencian la criminalidad y crean un clima de inseguridad en la población afectada.

La influencia de estas organizaciones delictivas tiene un trasfondo más complejo que los problemas de seguridad; generando por ello una fuerte sensación de inseguridad jurídica. En la actualidad, la normativa procesal no ha habilitado medios adecuados para la recuperación efectiva de los inmuebles ocupados, lo que deja a los propietarios en una situación de indefensión. Esto socava los cimientos del sistema democrático ya que su actividad se deriva extorsionando a los legítimos propietarios, mientras que las comunidades de vecinos viven bajo la intimidación constante de estas redes criminales.

1.6. Empresas de seguridad "Desokupas" contra la ocupación ilegal.

Como hemos venido reseñando, como consecuencia del fenómeno de la "okupación", muchos titulares legítimos de viviendas desocupadas (en venta, alquiler, segundas viviendas etc...) se han visto desamparados, con especial particularidad las entidades bancarias. Este problema se agravó con la entrada en vigor el 2 de julio de 2018 de la Ley 5/2018, de 11 de junio de modificación de la Ley 1/2000, de 7 de enero, de Enjuiciamiento Civil, en relación a la ocupación ilegal de viviendas. Las largas esperas en los Juzgados favorecieron el nacimiento de una nueva actividad empresarial especializada en la desocupación de inmuebles. Empresas como "DesoKupa" o "Stop Okupa" trabajan al margen de la ley y sus clientes son los titulares legítimos de las viviendas ocupadas, ofreciéndoles la manera más rápida y aparentemente menos costosa que la judicial para solucionar el problema de ocupación.

Estas empresas están proliferando cada vez más en nuestro país, especializándose en desalojar a los "inquilinos ilegales" de inmuebles ocupados, sin ambages, utilizando para ello métodos que, en la mayoría de los casos, son polémicos y de cuestionable legalidad. Actúan prescindiendo tanto de la intervención policial como de la vía judicial, lo que genera inquietud sobre las garantías legales y los derechos de todas las partes implicadas.

Del mismo modo, además del impacto en los derechos y perjuicios que acarrea a los propietarios, provoca otra serie de problemas sociales que afecta a la convivencia vecinal. Los vecinos de estos inmuebles se ven obligados a compartir espacios comunes con los okupas y, de alguna manera, se transforman del mismo modo en víctimas indirectas, ya que a menudo deben soportar todo tipo de molestias como ruidos, olores, obras ilegales e incluso actividades ilícitas. Estas situaciones deterioran la calidad de vida de las comunidades locales.

Se calcula que los trabajos realizados por este tipo de empresas rondan los 3.000 euros en adelante. Otras cifras que podemos encontrar a través de internet son los 500 euros como la más baja y los 8.000 euros como la cifra más alta.

Del mismo modo, estas mafias crean focos de violencia y delincuencia que deterioran la convivencia y perturban la paz social en los barrios donde se implantan. La venta ilegal de viviendas, el control de territorios para el tráfico de drogas y la explotación de la vulnerabilidad social de las personas empeoran más si cabe esta problemática. En definitiva, son una lacra contra la que hay que mostrar tolerancia cero.

1.6.1 Composición de las Empresas de "Desokupación"

La plantilla de estas empresas está compuesta principalmente por personal de seguridad privada (vigilantes de seguridad), cuyas funciones se establecen en la Ley 5/2014 de 4 de abril de Seguridad Privada (LSP en lo sucesivo). En su artículo 4, esta ley dice que *"se encuentran la de satisfacer las necesidades legítimas de seguridad o de información de los usuarios de seguridad privada, velando por la indemnidad o privacidad de las personas o bienes cuya seguridad o investigación se le encomiende frente a posibles vulneraciones de derechos, amenazas deliberadas y riesgos accidentales o derivados de la naturaleza"* Sin embargo, sus funciones en los desalojos es controvertida, ya que, en muchos casos, excede las funciones contempladas por la ley.

El Real Decreto 2364/1994 de 9 de diciembre por el que se aprueba el Reglamento de Seguridad Privada (RSP en lo sucesivo), exige a estas empresas de seguridad estar inscritas en el Registro de Empresas de Seguridad. Por tanto también habrá que estar ante lo expuesto en el Art. 9.1 de la Ley de Seguridad Ciudadana *"No podrá prestarse ningún tipo de servicio de seguridad privada que no haya sido previamente contratado y, en su caso, autorizado"*

1.6.2 Funciones y procedimientos.

Entre las funciones que la LSP otorga a los vigilantes de seguridad en su artículo 5 prescribe que les corresponde *"La vigilancia y protección de bienes, establecimientos, lugares y eventos, tanto públicos como privados, así como de las personas que pudieran encontrarse en los mismos, y esta función sólo puede realizarse por personal de seguridad privada."* por lo que hay cierto respaldo legal para llevar a cabo sus actuaciones, sin perjuicio de que para el ejercicio de las funciones de seguridad privada es necesario la habilitación profesional conforme a lo establecido en el art. 27 de la citada LSP.

En cuanto a su funcionamiento, estas son contratadas por el propietario de una vivienda ocupada en virtud del art. 9.1 de la LSP. Una vez han contratado sus servicios, dicha empresa estudia el caso concreto en cuestión, realizando un estudio de los ocupantes de la vivienda, para percatarse de que no hay ningún menor en la vivienda. El propietario deberá presentar documentación que corrobore que es titular del inmueble, como una nota simple que certifique su titularidad a través del registro de la propiedad y el documento nacional de identidad

La actuación de estas empresas es muy simple, solo hay dos opciones la **Mediación** o el **Control de Acceso.**

a) Mediación

El procedimiento que siguen estas empresas suele comenzar con la MEDIACIÓN. Tras verificar que el propietario es el legítimo titular del inmueble y, si no hay menores, intentan llegar a un acuerdo con los okupas para que abandonen voluntariamente la vivienda. En algunos casos, ofrecen una compensación económica a los okupas. Si la mediación fracasa, recurren al **CONTROL DE ACCESO.**

b) Control de acceso.

Este método implica la presencia continua de vigilantes de seguridad (Art. 5.1 LSP) en la puerta de acceso al inmueble para impedir que los okupas regresen una vez que salgan del mismo. El control de acceso está amparado por el artículo 77 del RSP, que regula las funciones de los vigilantes en la vigilancia de inmuebles expresa lo siguiente: *"En los controles de accesos o en el interior de los inmuebles de cuya vigilancia y seguridad estuvieran encargados, los vigilantes de seguridad podrán realizar controles de identidad de las personas y, si procede, impedir su entrada, sin retener la documentación personal y, en su caso, tomarán nota del nombre, apellidos y número del documento nacional de identidad o documento equivalente de la persona identificada, objeto de la visita y lugar del inmueble a que se dirigen, dotándola, cuando así se determine en las instrucciones de seguridad propias del inmueble, de una credencial que le permita el acceso y circulación interior, debiendo retirarla al finalizar la visita"*

Mediante este "control de acceso", el servicio de seguridad privada tiene presencia de manera ininterrumpida de uno o dos componentes en la puerta de acceso al inmueble. Con esto buscan disuadir a los okupas y garantizar que sólo las personas autorizadas previamente identificadas puedan acceder a la vivienda. Los "okupas" son advertidos de que no podrán volver a entrar si abandonan la vivienda, teniendo en cuenta que en algún momento necesitarán salir para comprar alimentos u otras provisiones.

En la página web desokupaciónlegal.com habla sobre los sistemas de control de acceso, diferenciando dos tipos:

*«**Los electrónicos y los que implican la participación de un ser humano**. Los primeros tienen la ventaja de que son baratos y eficaces, no obstante, hay que tener en cuenta que es dudosa la legalidad de la actuación. Es decir, en el fondo es como si estuvieras cambiando la cerradura de la puerta.*

El segundo método, sin embargo, es perfectamente legal y muy eficaz. Esta eficacia se encuentra condicionada, eso sí, a la racionalidad de los ocupas ya que unos pueden ser más abiertos a negociar que otros. No obstante, la negación solo durará una semana ya que al quedarse sin comida necesariamente deberán salir a comprar. Por ello, este método inspirado en el asedio romano resulta ser tan efectivo».

Los sistemas electrónicos son más económicos, pero su legalidad es más que cuestionable. Por otro lado, el método que implica la participación de personal de seguridad es completamente legal, pero su éxito depende de la disposición de los okupas a negociar. En muchos casos, los okupas optan por abandonar la vivienda después de varios días de asedio, al no poder reingresar una vez que salen.

1.6.3. Aspectos Legales y Polémica

Aunque la legalidad de estas prácticas es discutible, se puede aseverar que el fin principal del control de acceso es intimidar con la presencia de vigilantes de seguridad las 24 horas del día a los ocupantes ilegales, de una forma "agresiva". Sin embargo la **Sentencia de la Audiencia Provincial de Madrid nº 222/2022**, de 5 de mayo se ha pronunciado respecto a éste último extremo poniendo un límite a estas prácticas ya que consideró culpables de un delito leve de coacciones a la empresa de desokupación. Según la sentencia esa forma de "intimidar", "advertir" o en su caso "amenazar" a los okupas con la supuesta advertencia que no podrían volver a entrar en la vivienda una vez que salgan, podría considerarse como un delito de amenazas o coacciones.

1.6.4. Conclusiones

Para concluir, a pesar de la entrada en vigor de la Ley 5/2015 de 11 de junio que modifica la Ley de Enjuiciamiento Civil, la cual pretendía agilizar los desalojos por ocupación ilegal de viviendas, la realidad es que la problemática persiste y se ha agravado en los últimos años. Los datos muestran un aumento notorio de las ocupaciones, especialmente en grandes ciudades (Barcelona), y el proceso de desalojo sigue siendo lento y costoso, especialmente para las entidades bancarias.

Las causas de esta situación son múltiples y complejas, incluyendo la crisis económica, la falta de vivienda asequible y lagunas legales que son aprovechadas por los ocupas. Es necesario adoptar medidas más contundentes y eficaces para proteger los derechos de los propietarios y garantizar el cumplimiento de la ley.

CAPÍTULO II

IDENTIFICACIÓN POLICIAL EN OCUPACIONES ILEGALES. PERSPECTIVA JURÍDICA Y OPERATIVA

2. IDENTIFICACION POLICIAL EN OCUPACIONES ILEGALES. PERSPECTIVA JURÍDICA Y OPERATIVA.

2.1. Identificación policial en contextos de ocupación ilegal.

Dentro de la actuación policial llevada a cabo en el caso de las ocupaciones ilegales de viviendas, (ya sea allanamiento de morada u ocupación ilegal) conviene tratar la identificación de personas por parte de los miembros de las Fuerzas y Cuerpos de Seguridad, en los distintos contextos donde pueden producirse.

En este sentido habría que estar ante lo dispuesto en la Ley Orgánica 4/2015 de 30 de marzo de Protección de la Seguridad Ciudadana, la cual faculta a los Agentes de Policía para realizar las identificaciones en la vía pública, no se puede realizar de cualquier manera, sino que debe haber suficientes indicios en la comisión de una infracción o en su caso la que considere necesaria para la prevención de un hecho delictivo.

Recordar, que la identificación y el registro de personas y de vehículos en lugares públicos, afecta a los derechos constitucionales de nuestra Carta Magna según su Art. 18.1 y 10.1 así como directamente a la intimidad personas como se pronunció el Tribunal Constitucional según su sentencia 37/1989.

También hay que decir, que si bien las identificaciones y registros se pueden considerar como un instrumento eficaz para la prevención y mantenimiento de la seguridad ciudadana. No obstante, hay que tener presente que su uso abusivo, pudiendo constituir esto último un impacto negativo en la comunidad y, de forma singular, en determinados colectivos sociales.

Por todo esto, es de suma importancia, que las Jefaturas de Policía Local tengan presente unos criterios claros y efectivos para que la actuación en este sentido sea eficaz y, a la vez, prevenir que las identificaciones que lleven a cabo los agentes policiales se produzcan por estereotipos o prejuicios ajenos a las necesidades de la seguridad ciudadana.

2.1.1 Protocolo de identificación de personas en espacios Públicos

A modo de recomendación la identificación de personas en lugares públicos por parte de la Policía Local se puede llevar a cabo de la siguiente manera

1) Saludo de cortesía y tratamiento formal: La intervención de los agentes comenzará con un saludo respetuoso, llevando la mano derecha a la cabeza, acompañando este gesto con expresiones como "Buenos días" o "Buenas tardes". Durante toda la interacción, los agentes emplearán siempre el tratamiento formal de "Usted", independientemente de cómo se dirija la persona identificada a ellos.

2) Solicitar la documentación identificativa:

Inmediatamente se le requerirá el documento nacional de identidad o NIE si fuera una persona extranjera, amparados en los artículos 8 y 16 de la Ley Orgánica 4/2015 de 30 de marzo por el que se aprueba la Ley de Seguridad Ciudadana, todo ello de manera clara y respetuosa, utilizando las siguientes frases: "Se está realizando un control de documentación. Por favor, ¿puede facilitarme/mostrarme su documento nacional de identidad?". Si fuera preciso, se explicará a la persona del deber de colaborar con los agentes de la autoridad así como de la obligación legal de identificarse ante los mismos. No obstante se podrá facilitar una explicación del motivo de la identificación con expresiones como "Estamos realizando controles de identificación debido a la oleada de robos recientes en la localidad" "Estamos realizando una campaña del cinturón de seguridad/casco/alcoholemía etc..."

3) Documentar actuación policial:

Realizada la identificación, los agentes intervinientes recogerán todos los datos para dejar constancia documental de dicha intervención.

4) Despedida:

Finalizada la actuación, se devolverá la documentación a la persona en cuestión y los/as agentes actuantes, al igual que hicieran al presentarse, se despedirán utilizando fórmulas de despedida de cortesía y pidiendo disculpas por las molestias ocasionadas.

2.1.2 Supuestos en los que la Ley de Seguridad Ciudadana permite la identificación policial de personas.

El Art. 16 de la LSC expresa literalmente conforme a la identificación de personas en vías y lugares públicos lo siguiente:

"Artículo 16. Identificación de personas.

1. En el cumplimiento de sus funciones de indagación y prevención delictiva, así como para la sanción de infracciones penales y administrativas, los agentes de las Fuerzas y Cuerpos de Seguridad podrán requerir la identificación de las personas en los siguientes supuestos:

a) Cuando existan indicios de que han podido participar en la comisión de una infracción.

b) Cuando, en atención a las circunstancias concurrentes, se considere razonablemente necesario que acrediten su identidad para prevenir la comisión de un delito."

Por consiguiente, la actuación policial en el sentido de la identificación queda supeditada a estas dos circunstancias:

1-Cuando el ciudadano que se va a identificar haya cometido una infracción ya sea penal o administrativa, debiendo existir indicios que avalen que dicho ciudadano ha cometido una infracción. En este caso, deben existir indicios concretos que garanticen razonablemente la participación de dicha persona en la comisión de una infracción. Por tanto, la identificación no puede realizarse genéricamente a modo de prevención, sino que deben haber indicios racionales de la comisión.

Del mismo modo por "indicio" se conoce a cualquier cosa material, señal, vestigio, huella o circunstancia y, en general cualquier hecho conocido que pueda llevarnos con la ayuda de la deducción, al conocimiento de otro hecho del que no se tiene conocimiento de manera directa.

Como ejemplo podríamos poner la labor policial cuando se esté efectuando un control preventivo o punto de verificación. En estas circunstancias se pueden parar vehículos, obviamente en ocasiones están regulando el tráfico y la Policía puede dejar que pasen a su lado los vehículos a una velocidad moderada y si es necesario dan el alto, dando por tanto tiempo a advertir los posibles indicios.

2- Si el delito ya fuera consumado, la identificación se realizará en virtud de lo preceptuado en el Art.13 de la Ley de Enjuiciamiento Criminal (LECrim en lo sucesivo). En este caso también es importante hacer mención al Art. 282 de la ley anterior que reseña lo siguiente;

*La **Policía Judicial tiene por objeto** y será obligación de todos los que la componen, **averiguar los delitos públicos** que **se cometieren en su territorio o demarcación**; **practicar,** según sus atribuciones, las **diligencias necesarias para comprobarlos y descubrir a los delincuentes**, y recoger todos los efectos, instrumentos o pruebas del delito de cuya desaparición hubiere peligro, poniéndolos a disposición de la autoridad judicial. Cuando las víctimas entren en contacto con la Policía Judicial, cumplirá con los deberes de información que prevé la legislación vigente. Asimismo, llevarán a cabo una valoración de las circunstancias particulares de las víctimas para determinar provisionalmente qué medidas de protección deben ser adoptadas para garantizarles una protección adecuada, sin perjuicio de la decisión final que corresponderá adoptar al Juez o Tribunal.*

En cuanto a la prevención de la comisión de un hecho delictivo, no tiene sentido su aplicación a infracciones de índole administrativo, máxime cuando este apartado indica que debe hacerse "en atención a las circunstancias concurrentes", lo que es lo mismo, del objetivo general de prevenir delitos, ha de producirse una coyuntura que aconseje a proceder a la identificación.

Del mismo modo, bajo lo preceptuado en nuestra constitución así como los principios de actuación se lo establecido en el Art. 5.3 de la Ley Orgánica 2/1986 de 13 marzo de Fuerzas y Cuerpos de Seguridad, la LSC expresa que *"En la práctica de la identificación se respetarán estrictamente los principios de proporcionalidad, igualdad de trato y no discriminación por razón de nacimiento, nacionalidad, origen racial o étnico, sexo, religión o creencias, edad, discapacidad, orientación o identidad sexual, opinión o cualquier otra condición o circunstancia personal o social."*

2.1.3 Circunstancias donde se exige la identificación por parte de la policía

La LSC también habla de las circunstancias en las cuales no se podrá realizar la identificación en la vía pública y por ello resulta necesario el traslado a dependencias policiales, esto quiere decir para realizar las **comprobaciones necesarias** el mismo **Art. 16.1** de la misma ley dice que *"En estos supuestos, los agentes podrán realizar las comprobaciones necesarias en la vía pública o en el lugar donde se hubiese hecho el requerimiento, incluida la identificación de las personas cuyo rostro no sea visible total o parcialmente por utilizar cualquier tipo de prenda u objeto que lo cubra, impidiendo o dificultando la identificación, cuando fuere preciso a los efectos indicados"*

El apartado 2 del mismo artículo establece que *"Cuando no fuera posible la identificación por cualquier medio, incluida la vía telemática o telefónica o si la persona se negase a identificarse, los agentes, para impedir la comisión de un delito o al objeto de sancionar una infracción, podrán requerir a quienes no pudieran ser identificados a que les acompañen a las dependencias policiales más próximas en las que se disponga de los medios adecuados para la práctica de esta diligencia, a los solos efectos de su identificación y por el tiempo estrictamente necesario, que en ningún caso podrá superar las seis horas"*

Analizando el apartado anterior, en cuanto a la identificación por vía telemática o telefónica, podría ser efectivo que un familiar envíe una foto de su documento nacional de identidad por cualquier aplicación informática (lease whatsapp, correo electrónico, telegram...) con la imagen escaneada, haciéndose responsable de dicha identificación desde el otro lado de la línea y facilitando también tanto los datos del identificado como de los suyos.

En hipotética situación que la persona no aporte ninguna documentación pero si da fianza bastante al facilitar todos los datos de su filiación y tras comprobar en base de datos que los mismos coinciden plenamente con los facilitados por esta persona, no se justificaría su traslado a dependencias policiales. Por estas circunstancias identificativas habrá que estar ante lo expuesto en la Circular 2/94 de la Secretaría de interior la cual se ceñía a lo determinado en la STC 341/93 que a modo resumen expresa que la identificación se debe realizarse por cualquier medio, considerándose adecuada la que es alcanzada por documentos oficiales distintos del D.N.I. o por terceras personas que hayan identificado previamente y ofrezcan garantía bastante a juicio de los agentes intervinientes.

Además de lo anterior y conforme a lo establecido en el citado artículo 16 de la vigente Ley de Protección de la Seguridad Ciudadana, en los dos supuestos anteriormente detallados *"...los agentes podrán realizar las comprobaciones necesarias en la vía pública o en el lugar donde se hubiese hecho el requerimiento, incluida la identificación de las personas cuyo rostro no sea visible total o parcialmente por utilizar cualquier tipo de prenda u objeto que lo cubra, impidiendo o dificultando la identificación, cuando fuere preciso a los efectos indicados."*

Por otra parte, conforme a los preceptos constitucionales y a los principios básicos de actuación establecidos en la Ley Orgánica de Fuerzas y Cuerpos de Seguridad, la Ley 4/2015 recoge que *"En la práctica de la identificación se respetarán estrictamente los principios de proporcionalidad, igualdad de trato y no discriminación por razón de nacimiento, nacionalidad, origen racial o étnico, sexo, religión o creencias, edad, discapacidad, orientación o identidad sexual, opinión o cualquier otra condición o circunstancia personal o social."*

En definitiva, toda identificación debe ir de la mano con lo expresado en el Art. 5.2.b) de la LFCS donde indica que los agentes deberán *"En todas sus intervenciones, proporcionar información cumplida, y tan amplia como fuese posible, sobre las causas y finalidad de las mismas".* En el supuesto de que la actuación sea con un menor de edad, sería la Instrucción de la Secretaría de Estado de Seguridad 1/2017 "protocolo de actuación policial con menores" la competente en establecer la actuación en concreto su apartado 6.1.6 que comienza "Cuando sea necesario, conforme a la Ley, requerir la identidad de un menor de edad en las vías, lugares o establecimientos públicos y, en su caso, realizar un control superficial sobre sus efectos personales para comprobar que no portan sustancias o instrumentos prohibidos o peligrosos"...

Se intentará por todos los medios disponibles, verificar todas las vías para identificar a la persona en cuestión y en caso de no lograr éste objetivo, los componentes de la Policía Local podrán requerir a los que no pudieran ser identificados a que les acompañen, procediendo seguidamente al traslado a Dependencias del Cuerpo de Policía Nacional, sólo a los efectos identificativos y el tiempo mínimo imprescindible donde se formalizarán todas las actuaciones en el libro de

Registro. Indicar que la duración de esta supeditada al plazo máximo de 6 horas y en las dependencias más cercanas.

Por otro lado, la persona requerida para identificarse deberá ser informada de modo inmediato y comprensible de las razones de la solicitud, así como el requerimiento para que acompañe a los agentes a dependencias de la Policía Nacional.

Seguidamente vamos hablar del artículo 16.5 de la misma ley que en su literalidad expresa lo siguiente:

5. En los casos de resistencia o negativa a identificarse o a colaborar en las comprobaciones o prácticas de identificación, se estará a lo dispuesto en el Código Penal, en la Ley de Enjuiciamiento Criminal y, en su caso, en esta Ley."

Conforme a lo previsto en el apartado 5 de este mismo artículo, el cual prescribe que si se dieran las circunstancias de que el la persona se niega a identificarse, aunque, en un primer momento no cometería el ilícito penal de la desobediencia grave, ya que bajo el principio de intervención mínima, se deberían agotar todas las vías, dejando como última opción que esta persona sea trasladada a dependencias policiales.

No obstante, se deberá informar a esta persona de que, en caso de negarse a identificarse, será trasladada a dependencias policiales, ya que dicha actitud pudiera constituir un ilícito penal. Todo esto se ha de plasmar en las diligencias. En definitiva, es importante apercibir a la persona en todo momento de la responsabilidad penal. Antes del traslado en el patrullero, por motivos de seguridad, se deberá realizar un cacheo superficial lo que permitirá comprobar si llevase algún documento que acreditase su identificación. Por lo que si es así, no sería necesario su traslado a dependencias a efectos de identificación.

Tras esto, vamos a pasar a ver el apartado 3 del Art. 16 de la LSC prescribe

3. En las dependencias a que se hace referencia en el apartado 2 se llevará un libro-registro en el que sólo se practicarán asientos relacionados con la seguridad ciudadana. Constarán en él las diligencias de identificación practicadas, así como los motivos, circunstancias y duración de las mismas, y sólo podrán ser comunicados sus datos a la autoridad judicial competente y al Ministerio Fiscal. El órgano competente de la Administración remitirá mensualmente al Ministerio Fiscal extracto de las diligencias de identificación con expresión del tiempo utilizado en cada una. Los asientos de este libro-registro se cancelarán de oficio a los tres años.

Seguidamente, si procede el desplazamiento a Dependencias Oficiales, se le expedirá un volante acreditativo que corrobore el tiempo de permanencia en ellas, la causa así como la identificación de los Agentes intervinientes. Si después de esto se instruyen diligencias, se adjuntarán las mismas junto a una copia del volante reseñado. A ser posible, en las actuaciones concernientes con menores, se desplazaran a dichas dependencias en vehículos policiales sin distintivos, ni personal uniformado y si fueran menores extranjeros no acompañados habrá que estar en el modo de actuar para con estos últimos con la Resolución de 13 de octubre de 2014 por el que se aprueba el Protocolo Marco sobre determinadas actuaciones en relación con este tipo de menores

Todas estas actuaciones quedarán plasmadas en el libro registro de diligencias de identificación.

Las competencias para las anotaciones en el Libro Registro corresponde a Policía Nacional sin perjuicio que los Agente de Policía Local puedan colaborar con el citado cuerpo a fin de especificar los motivos, circunstancias y duración de la identificación.

Expresando todo el Art. 16.4 de la manera literal lo siguiente:

4. A las personas desplazadas a dependencias policiales a efectos de identificación, se les deberá expedir a su salida un volante acreditativo del tiempo de permanencia en ellas, la causa y la identidad de los agentes actuantes.

2.1.4 Control exhaustivo de personas y sus pertenencias.

Según el Art. 17 de la LSC, el registro policial, realizado a personas identificadas, tiene como objetivo ejercer un control más o menos superficial de los efectos personales que porte la persona identificada, a los efectos de prevención y/o investigación de ilícitos penales o administrativos.

Esto estará sujeto a lo estipulado en los siguientes artículos de la LSC que literalmente establecen:

"Artículo 18. Comprobaciones y registros en lugares públicos.

1. Los agentes de la autoridad podrán practicar las comprobaciones *en las **personas, bienes y vehículos** que sean necesarias para impedir que en las vías, lugares y establecimientos públicos se porten o utilicen ilegalmente **armas, explosivos, sustancias peligrosas u otros objetos, instrumentos o medios que generen un riesgo potencialmente grave para las personas, susceptibles de ser utilizados para la comisión de un delito o alterar la seguridad ciudadana, cuando tengan indicios de su eventual presencia en dichos lugares, procediendo, en su caso, a su intervención. A tal fin, los ciudadanos tienen el deber de colaborar y no obstaculizar la labor de***

los agentes de la autoridad en el ejercicio de sus funciones.

2. Los agentes de la autoridad podrán proceder a la ocupación temporal de cualesquiera objetos, instrumentos o medios de agresión, incluso de las armas que se porten con licencia, permiso o autorización si se estima necesario, con objeto de prevenir la comisión de cualquier delito, o cuando exista peligro para la seguridad de las personas o de los bienes.

Este artículo posibilita el control superficial de efectos personales y el registro de vehículos, lo que no puede dar lugar a la confusión con la diligencia de cacheo que ya aparece regulada en el art. 20 de esta ley con distintos requisitos y condiciones

En lo relacionado a las acciones policiales, estas han de realizarse cuando existan indicios de presencia de objetos, es decir la actuación policial no puede ser subjetiva, debe tener datos objetivos.

En este sentido, la **STS 115/2003** viene a decir que cuando las fuerzas policiales efectúen controles de efectos personales, el mismo tiene que ser superficial obviando sin ambages un examen exhaustivo de un teléfono móvil, supeditada dicha acción cuando hay sospechas fundadas de la comisión de un ilícito penal (lo que excluye en este supuesto la infracción administrativa) ya que en este caso se intervendría el teléfono y se pondría a disposición judicial para que desde los juzgados se establezca si procede o no acceder a su contenido y con qué alcance.

En ningún caso se puede acceder al contenido del teléfono (contactos, mensajes de whassap etc...) tan sólo se podrá realizar mediante autorización judicial y sin permiso del afectado, ya que si es así se estarían vulnerando 2 preceptos constitucionales contenidos en los Arts. 18.1 (derecho a la intimidad) y el 18.3 (Secreto de comunicaciones)

Al igual que lo que disponía también la antigua Ley de Seguridad Ciudadana de 1992, los objetos serán intervenidos temporalmente en caso necesario, a modo preventivo para evitar la comisión de un hecho delictivo o bien, cuando exista peligro para la seguridad de personas o bienes.

Otro aspecto destacado se trasluce en que los ciudadanos tienen el deber de colaborar y no obstaculizar la labor policial, cuando realicen actuaciones de comprobación de personas, vehículos o bienes, pudiendo devenir dicha obstaculización en una infracción al Art. 36.6 por incumplir dicho deber pudiendo incluso derivar dicha actitud en ilícito penal de desobediencia o resistencia según la gravedad de los hechos.

Artículo 19. Disposiciones comunes a las diligencias de identificación, registro y comprobación.

1. Las diligencias de identificación, registro y comprobación practicadas por los agentes de las Fuerzas y Cuerpos de Seguridad con ocasión de actuaciones realizadas conforme a lo dispuesto en esta sección no estarán sujetas a las mismas formalidades que la detención.

2. La aprehensión durante las diligencias de identificación, registro y comprobación de armas, drogas tóxicas, estupefacientes, sustancias psicotrópicas u otros efectos procedentes de un delito o infracción administrativa se hará constar en el acta correspondiente, que habrá de ser firmada por el interesado; si éste se negara a firmarla, se dejará constancia expresa de su negativa. El acta que se extienda gozará de presunción de veracidad de los hechos en ella consignados, salvo prueba en contrario.

En atención al artículo 19, la jurisprudencia (entre ellas la indicada anteriormente STC 341/1993) se ha pronunciado respecto a las diligencias de identificación, donde establecen que las normas relativas a la detención establecidas en la LECrim no son aplicables a las retenciones policiales cuyo objetivo sea realizar labores de identificación o comprobación de efectos. Esto quiere decir, que el procedimiento de identificación no puede seguir los patrones estrictos que se suceden en las detenciones formales.

En cuanto al Art. 19.2, éste habla de la presunción de veracidad en las declaraciones de los agentes de la autoridad en relación con el Art. 52 de la misma ley donde está regulado específicamente. Esto significa que las manifestaciones de los agentes tienen un valor probatorio elevado a los procedimientos administrativos.

En este aspecto hay que decir que también el **Art. 77.5 de la Ley 39/2015** habla del valor probatorio de la siguiente manera *"Los documentos formalizados por los funcionarios a los que se reconoce la condición de autoridad y en los que, observándose los requisitos legales correspondientes se recojan los hechos constatados por aquéllos harán prueba de éstos salvo que se acredite lo contrario"*

Empero, si la persona afectada niega los hechos recogidos en el acta, el agente deberá ratificar dicha acta para que surta los efectos probatorios previstos en el **Art. 52 LSC**. O sea, la declaración del agente no es suficiente por sí sola si es cuestionada: requiere ser confirmada formalmente. Esta presunción de veracidad se aplica únicamente en el ámbito administrativo, mientras que en el ámbito penal las pruebas son valoradas bajo diferentes normas y las declaraciones de los agentes no gozan de la misma presunción automática de veracidad.

Este aspecto se regula específicamente en el Art. 19.2, que establece la necesidad de extender un acta y ofrecerla para su firma al interesado. Si este se niega a firmar, dicha negativa debe constar en el acta. Para facilitar el cumplimiento de estas formalidades durante el servicio, se recomienda a los agentes llevar modelos de actas de aprehensión. Si la persona no desea o no solicita copia del acta, esta no se le entregará. En situaciones donde se incautan objetos no prohibidos, como tijeras o bates de béisbol que se portan pero no se exhiben, el acta debe especificar cuándo podrán ser recuperados. Lo mismo aplica en casos donde se intervienen herramientas a personas con antecedentes en circunstancias sospechosas, como en un polígono industrial por la noche.

Artículo 20. Registros corporales externos.

1. Podrá practicarse el registro corporal externo y superficial de la persona cuando existan indicios racionales para suponer que puede conducir al hallazgo de instrumentos, efectos u otros objetos relevantes para el ejercicio de las funciones de indagación y prevención que encomiendan las leyes a las Fuerzas y Cuerpos de Seguridad.

Este registro con cacheo corporal se realizará cuando se encuentren indicios racionales (no sospechas subjetivas) que determinan que el cacheo puede llevar al hallazgo de instrumentos, efecto y otros objetos relevantes.

En todas las circunstancias, la persona a la que se le vaya a practicar el cacheo en base a lo preceptuado en el Art. 5.3 de la LO 2/1986, se le realizará de modo inmediato y comprensible, así como será informada de las razones de su realización

Sin embargo la entrada en vigor de la **Instrucción 13/2018 de 17 de octubre de la Secretaría de Estado de Seguridad sobre la práctica de los registros corporales externos (IES 13/2018 en lo sucesivo)**, la interpretación de determinadas infracciones y cuestiones procedimentales en relación con la Ley Orgánica 4/2015, de 30 de marzo, de protección de la seguridad ciudadana no ha modificado la forma de actuar en estos casos, sino que amalgama lo recogido en esta norma y las anteriores Instrucciones:

-Actuar amparados en los principios de igualdad de trato, proporcionalidad y no discriminación.

-Actuar mediante la menor intervención corporal posible (esto definirá la motivación y circunstancias por las que se ha llevado a cabo la intervención).

2. Salvo que exista una situación de urgencia por riesgo grave e inminente para los agentes:

a) El registro se realizará por un agente del mismo sexo que la persona sobre la que se practique esta diligencia.

b) Y si exigiera dejar a la vista partes del cuerpo normalmente cubiertas por ropa, se efectuará en un lugar reservado y fuera de la vista de terceros. Se <u>dejará constancia escrita de esta diligencia, de sus causas y de la identidad del agente que la adoptó.</u>

Cuando, por las circunstancias ya expuestas, el <u>cacheo deba ser realizado por una persona de distinto sexo</u> al de la persona cacheada, es necesario <u>dejar constancia por escrito de las causas que justificaron esta situación</u>, las incidencias ocurridas y la identidad del agente que llevó a cabo el cacheo. Si, tras realizar el cacheo, se procede a instruir diligencias o a levantar actas-denuncia, dicha información deberá reflejarse en estos documentos.

En el caso de que no se instruyan diligencias ni se realicen actas, la información referente al cacheo deberá quedar registrada en los documentos internos que las Fuerzas y Cuerpos de Seguridad del Estado utilizan para informar a sus superiores. Por ejemplo, en la Guardia Civil se utiliza la papeleta de servicio, mientras que en otros cuerpos se emplearán órdenes de servicio, minutas u otros documentos equivalentes, según lo establecido en la normativa interna. Este procedimiento está regulado en la Instrucción 13/2018 del SES, que modifica el apartado correspondiente de la Instrucción 7/2015 del SES

A modo explicativo, los apartados 3 y 4 del art. 20 expresan que los registros corporales externos deben realizarse respetando los principios establecidos en el artículo 16 de la LSC, garantizando que se sigan criterios de proporcionalidad, necesidad e idoneidad. Asimismo hay que tener presente el principio de injerencia mínima que exige que la actuación policial sea lo menos invasiva posible, causando el menor perjuicio a la intimidad y dignidad de la persona afectada. Por tanto, el registro solo debe realizarse cuando sea estrictamente necesario y de forma justificada, siempre informando a la persona de manera inmediata y comprensible sobre las razones de la intervención.

En situaciones donde el registro se realice contra la voluntad del afectado, los agentes podrán emplear las medidas de compulsión indispensables, asegurándose de que se respeten los principios de:

- **Idoneidad:** El registro tiene que ser adecuado para los fines propuestos

- **Necesidad:** Asegurando que no hay otra medida menos intrusiva para lograr el objetivo

- **Proporcionalidad:** Limitación del uso de la fuerza al mínimo necesario

Además, en el supuesto en el que exista riesgo de enfermedades infectocontagiosas, como lo contempla la Instrucción 13/2018 de la SES, se recomienda que los agentes utilicen material de protección adecuado para garantizar la seguridad tanto del personal policial como de la persona sometida al registro.

2.2. Perspectiva operativa en la identificación de ocupantes ilegales.

La actuación policial en la identificación de las personas involucradas en una ocupación ilegal, es de suma importancia para la efectividad de los desalojos y, en su caso, conferir responsabilidades penales, civiles y administrativas. Sin embargo, la complejidad de estas situaciones, exigen que las Fuerzas y Cuerpos de Seguridad actúen con precisión.

2.2.1 Identificación en el ámbito penal: Impedimentos y efectos.

En este contexto, la identificación de los ocupantes ilegales se erige como un elemento clave para garantizar la efectividad de las acciones legales

Si bien la jurisdicción penal especifica que la identificación de los autores es imprescindible para investigar un delito de usurpación, el Art. 641.2 de la LECrim permite el sobreseimiento provisional en el caso que la identidad del autor resulte desconocida. No obstante, la imposibilidad de identificar a los ocupantes no exime al propietario legítimo de recuperar su inmueble, ya que existen vías civiles alternativas.

La complejidad de las ocupaciones ilegales se caracteriza por la movilidad constante de los ocupantes y el empleo de identidades falsas. Esto dificulta enormemente la tarea de identificación por parte de las fuerzas de seguridad. A pesar de ello, las autoridades cuentan con diversas herramientas para llevar a cabo esta tarea. La no identificación de los autores del delito no es óbice para que el propietario ejerza su derecho a la recuperación del inmueble.

La evolución jurisprudencial a lo largo de los años, ha supuesto una mayor claridad para interpretar eficazmente el artículo 641.2, permitiendo una aplicación más flexible y adaptada a las particularidades de cada caso. Además, las medidas cautelares pueden proteger los derechos del propietario mientras se desarrolla el proceso judicial. Sin embargo, es correcto afirmar la complejidad de estos casos, particularmente cuando se refiere a ocupaciones llevadas a cabo por grupos organizados.

En definitiva, la identificación de los "okupas" termina siendo un obstáculo significativo para las autoridades. Por ello, la legislación establece instrumentos para combatir a esta problemática. No obstante es necesario seguir trabajando en la mejora de los mecanismos de identificación y en la búsqueda de soluciones integrales que aborden tanto las causas como las consecuencias de las ocupaciones ilegales.

2.2.2. Identificación en el ámbito civil: Simplificación procesal y seguridad jurídica del ropietario

En el ámbito civil, la Ley de Enjuiciamiento Civil (LEC en lo sucesivo) tiene instrumentos procesales que facilitan la recuperación de los inmuebles ocupados, permitiendo presentar la demanda contra los "ocupantes desconocidos" según lo preceptuado en el Art. 437.3 bis de la LEC. Esta herramienta es fundamental cuando los ocupantes cambian con frecuencia o se desconoce su identidad.

Empero, es ineludible notificar la demanda a las personas que se encuentren en el inmueble en el momento de la notificación. De esta manera, se garantiza que todos aquellos que estén ocupando el inmueble tengan conocimiento del proceso judicial y puedan ejercer sus derechos de defensa. De este modo, se engloba la celeridad en la recuperación del inmueble con las garantías procesales.

Viéndolo desde esta perspectiva, la LEC proporciona una vía rápida y efectiva para recuperar la posesión de un inmueble ocupado de manera ilegal, incluso cuando la identidad de los ocupantes es desconocida o cambia constantemente. No obstante, es preciso cumplir con los requisitos legales, como la notificación de la demanda a las personas que se encuentren en el inmueble en el momento de la notificación, a fin de garantizar la eficacia del procedimiento

2.2.3 Consideraciones concretas de la identificación policial.

El trabajo de identificación puede llevarse a cabo a través de una variedad de escenarios, como la vía pública, domicilios particulares o recintos cerrados. Dada esta variedad, la actuación policial debe ceñirse a la situación específica y cuando exista una justificación legal. En estos casos, aunque hemos hablado de ellos en anteriores apartados, los artículos 16 y 19.1 de la LOPSC, regulan la identificación de personas, imponiendo a los agentes policiales la obligación de actuar con total respeto a los derechos de los ciudadanos, evitando con ello cualquier actuación que pueda considerarse ilegal.

Por tanto, cuando una persona se niegue a identificarse cuando así se le requiera, y existan motivos razonables para ello (para evitar la comisión de un delito o corregir administrativamente una infracción), los agentes para verificar su identidad pueden trasladarla a las dependencias policiales más cercanas. Este traslado sólo debe realizarse con el objeto de identificar a la persona y por el tiempo imprescindible para ello. Es imprescindible que la persona sea informada de que la negativa a acompañar a los agentes puede constituir un delito de desobediencia grave, según lo expuesto en el Art. 556 del Código Penal, lo que justificaría su detención inmediata para su posterior traslado a dependencias policiales.

Durante su estancia en dependencias policiales, se llevarán a cabo las diligencias necesarias para identificar a la persona, como la consulta de base de datos o la toma de huellas dactilares. Todo este proceso no debe exceder en ningún caso de las seis horas. Una vez concluido el proceso de identificación, la persona en cuestión deberá ser inscrita en el Libro-Registro de identificaciones y se le entregará un volante acreditativo que detalle las circunstancias de la intervención.

Es importante reseñar que toda actuación policial debe efectuarse siempre con el máximo respeto a los derechos fundamentales de los ciudadanos. Cualquier exceso o abuso en el ejercicio de esta facultad puede dar lugar a responsabilidades legales.

2.2.4. Consecuencias jurídicas de la negativa a identificarse: Infracciones y delitos relacionados

Como bien es sabido, la Ley de Seguridad Ciudadana establece las consecuencias legales para una persona que al ser requerida para su identificación, se niegue a ello. Aunque el artículo 19.1 de la citada ley dispone que las diligencias de identificación efectuadas por los Agentes no están sometidas a las mismas formalidades que una detención, la negativa a identificarse puede desembocar en una infracción grave según el Art. 36.6 de la misma ley, pudiendo conllevar a sanciones que oscilan entre los 601 y 30.000 euros, el cual indica lo siguiente

*"La **desobediencia o la resistencia a la autoridad o a sus agentes en el ejercicio de sus funciones**, cuando <u>no sean constitutivas de delito</u>, así como la <u>negativa a identificarse a requerimiento de la autoridad o de sus agent</u>es o la <u>alegación de datos falsos o inexactos</u> en los procesos de identificación"*

A continuación se indican los requisitos sancionables:

- **Negarse a identificarse inicialmente, aunque luego acceda a ello.**

- **Negarse a identificarse en el lugar donde se le solicitó, pero aceptar el traslado a dependencias policiales para la práctica de su identificación**

  En el supuesto que la persona se niegue a la identificación así como al traslado a dependencias policiales, se procederá a su detención inmediata en base a lo expuesto en los arts 489 al 496 de la LECrim. Cabe subrayar que toda detención deberá practicarse atendiendo a lo previsto en el Art. 5.3 de la LOFCS, y la persona detenida debe ser informada de manera inmediata, verbal y de forma que le resulte comprensible de los derechos que le asisten en virtud del Art. 520 de la LECrim como presunta autora de un delito de desobediencia a los Agentes de la autoridad.

Una vez comprobada su identidad, si no converge ninguna circunstancia que justifique su detención, será puesta en libertad. Aún así, si tras practicar la diligencia de identificación esta es infructuosa y con ello no se pueda dilucidar la identidad de la persona, esta última será puesta a disposición judicial para que se el/la juez/a quien determine los pasos a seguir, teniendo en cuenta si existen indicios de la comisión de un delito o si la identidad de la persona es necesaria para prevenir la comisión de otros delitos. En este caso, la persona tendrá derecho a declarar asistida por un abogado y a presentar pruebas en su defensa.

2.2.5. Problemas específicos a la hora de proceder a la identificación de "Okupas": Precauciones y procedimientos adicionales.

La identificación de los usurpadores puede verse dificultada por las distintas estrategias empleados por los ocupantes, como la presentación de documentos falsos o pertenecientes a otras personas. Es muy importante que los Agentes verifiquen minuciosamente los documentos que les faciliten. Por ejemplo si proporciona un documento nacional de identidad pasado por debajo de la puerta, en este caso no se podría cotejar de manera fehaciente, ya que dicho documento podría pertenecer a otra persona sin relación alguna con la usurpación.

También puede darse la circunstancia de que los Agentes se encuentren con personas en el inmueble usurpado que no coincidan con las identificadas anteriormente. Esto puede ser consecuencia de que los primeros ocupantes abandonaron el lugar y otros han ocupado su lugar, o bien se haya producido algún tipo de cesión o acuerdo entre ellos. En este contexto, los agentes tienen que volver a iniciar el proceso de identificación, lo que puede prolongar por más tiempo el procedimiento judicial.

La presencia de ocupantes no identificados previamente genera problemas accesorios especialmente cuando se trata de grupos organizados que rotan a sus miembros. Otro inconveniente se produce cuando los nuevos ocupantes han establecido su morada en el inmueble. En ambos casos esto provoca que el procedimiento judicial se dilate y, por ende, se retrase el desalojo y en consecuencia la restitución de la vivienda a su legítimo propietario.

La intervención policial en las primeras fases de una ocupación ilegal es esencial para evitar que las ocupaciones se consoliden evitando así, un prolongado y costoso procedimiento judicial, con el perjuicio económico y emocional que puede conllevar a los propietarios de los inmuebles afectados.

Es necesaria una visión en conjunto que conjugue las actuaciones policiales con medidas preventivas, la colaboración interinstitucional (Fuerzas de Seguridad, Administración de Justicia, Administraciones Públicas y Sociedad Civil) y la búsqueda de soluciones a largo plazo para tratar las causas inherentes de las ocupaciones.

2.3. Perspectiva jurídica y legal en la identificación de ocupantes ilegales.

2.3.1. Consideraciones jurídicas y protección del derecho a la intimidad

La función policial se enfrenta a una serie de impedimentos a la hora de intervenir en los casos de ocupación ilegal de inmuebles. El principal inconveniente se produce cuando el inmueble ocupado tiene la consideración de domicilio de los usurpadores, lo cual está consagrado constitucionalmente a través del art. 18 de nuestra Carta Magna. Sin embargo, el ordenamiento jurídico vigente dispone cuatro excepciones específicas que permiten a los agentes entrar en un inmueble sin requerir una orden judicial previa.

EXCEPCIONES
1.Autorización del morador (Art. 550 LECRim)
2.Casos de flagrante delito (Art. 18.2 CE y Arts. 553 y 795.1.1 de la LECRim)
3.Orden judicial (Arts. 546 y 558 de la LECRim)
4.Estado de necesidad (Art. 15.2 LSC)

En estos casos, la precisión y rapidez en la actuación policial se tornan fundamentales. Ante un delito flagrante, la práctica habitual consiste en la identificación y detención de los autores. Sin embargo, el principal problema se produce en consignar el momento exacto en el que un individuo ha establecido su domicilio en un inmueble ajeno. Esto requiere una valoración específica para cada caso, considerando elementos como la intención de permanencia, la presencia de enseres personales, la modificación de una vivienda y el tiempo transcurrido desde la ocupación. Esto es de suma importancia ya que si se considera que el inmueble es el domicilio del ocupante, la actuación policial precisará una autorización judicial, salvo que se esté cometiendo un delito flagrante.

Por ello, los "okupas" emplean diferentes tácticas para boicotear la actuación policial, como la modificación de las cerraduras, la creación de barricadas o la resistencia activa, actos que ponen en claro riesgo la seguridad de los agentes, especialmente cuando se enfrentan a ocupantes violentos o que se encuentren bajo la influencia de las sustancias tóxicas.

2.3.2. Consecuencias legales y sociales de la ocupación ilegal.

La ocupación ilegal de inmuebles tiene unas consecuencias que afectan tanto a los propietarios como a los propios ocupantes. Por un lado los propietarios sufren pérdidas económicas así como daños materiales y por otro, los ocupantes se exponen a que el peso de la ley recaiga contra ellos por las sanciones penales y administrativas a la que se exponen. A continuación pasamos a reseñar las mismas:

- **Consecuencias para los propietarios**

En primer lugar, la pérdida de ingresos es una de las principales causas para los propietarios, ya que se ven privados del uso legítimo de su inmueble. Esta circunstancia les imposibilita tener los correspondientes beneficios económicos como resultado del alquiler de arrendamiento o la venta de la propiedad, lo que puede suponer importantes pérdidas económicas, singularmente si el inmueble estaba destinado a ser una fuente de ingresos o una inversión a largo plazo.

Asimismo, los inmuebles que han sido ocupados suelen sufrir un deterioro considerable. Entre los que podemos reseñar el uso inadecuado de la propiedad, la falta de mantenimiento, y en algunos circunstancias, actos vandálicos o de negligencia por parte de los ocupantes ilegales que pueden ocasionar daños estructurales o estéticos que exigen costosas reparaciones de los desperfectos. Este deterioro del inmueble reduce drásticamente su valor de mercado y empeora la situación del propietario, que debe asumir los costes económicos de restauración.

En otro orden de cosas, el **estrés emocional** es otra consecuencia relevante que afecta tanto a los propietarios como a los vecinos. Los propietarios, al haber ocupado ilegalmente su vivienda, suelen padecer situaciones de ansiedad, frustración y, a su vez, una gran sensación de impotencia frente al procedimiento judicial con el que tienen que lidiar, el cual puede ser largo y tedioso. Este estrés emocional no solo afecta a los propietarios del inmueble, sino que dicho estrés puede afectar a los vecinos, quienes pueden verse implicados en conflictos con los ocupantes ilegales, especialmente si estos adoptan una actitud violenta o antisocial, afectando la convivencia en la comunidad vecinal, sobretodo si se alarga el procedimiento en el tiempo

- **Consecuencias para los ocupantes ilegales ("okupas")**

En relación con los ocupantes ilegales, las consecuencias también son graves. Como bien sabemos, este tipo de ocupación sin consentimiento es un delito penado por nuestro vigente Código Penal. Hay que tener en cuenta las circunstancias en sí, ya que estas sanciones pueden ser de pena de prisión o multa. Del mismo modo, estas penas pueden aumentar si durante la ocupación se han cometido otros delitos en concurso, como pudieran ser daños al inmueble o resistencia a los agentes de la autoridad durante el desalojo.

El **desalojo judicial** es otra consecuencia que va ligada y no pueden esquivar los okupas. En el momento en el que el propietario formaliza la denuncia, el procedimiento judicial a seguir derivaría en una **orden de desalojo.** Este procedimiento lleva aparejada la expulsión forzosa de los ocupantes, ya que si no desalojan de manera pacífica, se pueden generar conflictos y enfrentamientos con la policía si los okupas se resisten a abandonar la vivienda.

Para finalizar, las personas que están involucradas en una ocupación ilegal pueden tener serias **dificultades para acceder a una vivienda legal** en el futuro. Ya que al tener antecedentes por haber sido desalojados por ocupación ilegal suele crear desconfianza entre los propietarios o las agencias inmobiliarias. Estas circunstancias ponen más obstáculos a estas personas para el acceso a una vivienda digna y legal.

CAPÍTULO III

RESPUESTA POLICIAL ANTE EL ALLANAMIENTO DE MORADA Y LA USURPACIÓN DE INMUEBLES

3. PROTOCOLO DE ACTUACIÓN POLICIAL ANTE EL ALLANAMIENTO DE MORADA Y LA USURPACIÓN DE INMUEBLES.

En este protocolo de actuación policial, se debe tener presente la **Instrucción 6/2020 de la Secretaría de Estado de Seguridad, por la cual se establece el protocolo de actuación de las Fuerzas y Cuerpos de Seguridad del Estado ante la Ocupación Ilegal de Inmuebles (en lo sucesivo, SES 6/2020)**. Dicha instrucción ciñe la actuación policial en base a lo expresado en los artículos 18, 33, 104 y 149 de la Constitución Española (CE), indicando que el fenómeno de la ocupación ilegal afecta a la seguridad pública. Además, reconoce la alarma social que repercute en la percepción subjetiva de la seguridad, sugiriendo la necesidad de una reacción eficaz por parte del Estado.

Asimismo, se debe tener en cuenta, lo recogido en la **Instrucción 1/2017, de la SES**, en la que se expone el **"Protocolo de Actuación Policial con menores de edad"**.

El punto tres de la Instrucción 6/2020 SES, tiene la finalidad de prevenir e investigar hechos delictivos relacionados con la ocupación ilegal de inmuebles, a partir de seis medidas que se resumen a continuación:

1. Obtención de Información: Actualizar la información de las denuncias de ocupación ilegal, creando un censo de inmuebles ocupados, complementándose con datos de registros así como bases de datos, con el fin de identificar los lugares con mayor repercusión y orientar medidas preventivas

2. Realización de campañas informativas: Para informar a los propietarios sobre la prevención de ocupaciones, haciendo especial hincapié en la importancia de notificar inmediatamente a las autoridades en casos de sospechas o incidentes.

3. Herramientas digitales: Promoviendo el uso de las mismas a través de la aplicación ALERTCOPS para transmitir recomendaciones y mensajes preventivos entre los afectados, permitiendo que las Fuerzas y Cuerpos de Seguridad reciban avisos en tiempo real sobre ocupaciones.

4. Investigación de Grupos Criminales: Se reforzará la investigación sobre grupos u organizaciones criminales que se dediquen a la formalización de contratos falsos de venta o alquiler de inmuebles, ya sea "a sabiendas" de los "inquilinos" o aprovechando su estado de necesidad. En estos casos las diligencias policiales contendrán el oportuno informe o diligencias tendentes a acreditar la existencia de la organización o grupo criminal.

5. Vigilancia de Actividades Delictivas Conexas: Se incrementará la vigilancia sobre actividades delictivas conexas con la ocupación ilegal, tales como la creación de contratos falsos y la promoción de ocupaciones en redes sociales.

6. Prevención de Actividades Ilícitas: Se establecerán mecanismos en pos de prevenir y actuar ante actividades ilegales relacionadas con ocupaciones, como la vigilancia de redes sociales y la identificación de "manuales de ocupación" que circulan en internet. Estos manuales detallan la forma de realizarla, cómo se debe reaccionar ante la llegada de los agentes policiales, pautas como defenderse jurídicamente, etc...

Estas medidas están realizadas para abordar de manera adecuada la problemática de la ocupación ilegal de inmuebles, desde la recopilación de información hasta la intervención directa en situaciones de ocupación, con el objetivo de garantizar tanto la seguridad pública como los derechos de los propietarios y residentes afectados.

Además, esta instrucción tiene también presente lo preceptuado en la **Instrucción FGE 1/2020 de 15 de septiembre sobre criterios de actuación para la solicitud de medidas cautelares en los delitos de allanamiento de morada y usurpación de bienes inmuebles (en lo sucesivo, FGE 1/2020)**. La jurisprudencia española no reconoce el término "okupación" como tal, sino que define los delitos reseñados con la invasión del patrimonio. Y son bastantes distintos el uno del otro. En el siguiente apartado vamos hacer un inciso para ver la diferencia entre ambos delitos.

3.1 Diferencia entre allanamiento de morada y ocupación.

Muchas veces, se utilizan estas definiciones como sinónimos, sin embargo, a efectos jurídicos tienen distinta naturaleza y consecuencias jurídicas.

El allanamiento de morada es un delito que recoge penas entre los 6 meses y 4 años de prisión. Este ilícito se produce cuando **un tercero entra en una vivienda que se considera morada sin el consentimiento del titular** y, a su vez, residente, sin importar si la intención de esta persona sea quedarse en ella o no.

En primer lugar, nuestro marco jurídico define "morada" como aquel espacio cerrado y separado del exterior donde el titular realiza sus actividades de la vida cotidiana. Resumiendo, la morada es el lugar donde legítima y físicamente vivimos. En relación a las segundas residencias, **el Tribunal Supremo a través de sentencia nº 587/2020 de 6 noviembre de 2020 (que veremos en el siguiente párrafo)** confirma la ampliación del concepto de morada a estas residencias, creando con ello jurisprudencia. Además la Fiscalía General del Estado **(FGE)** en su instrucción **1/2020** siguió esta línea interpretativa.

Nuestro marco jurídico define morada como aquel espacio cerrado y separado del exterior donde el titular realiza sus actividades cotidianas. En resumen, la morada es el lugar donde legítima y físicamente vivimos. En relación con las segundas residencias, el

Tribunal Supremo, a través de la **sentencia nº 587/2020 de 6 de noviembre**, amplió el concepto de morada a estas residencias, creando jurisprudencia. Además, la **Fiscalía General del Estado (FGE)**, en su instrucción **1/2020**, siguió esta línea interpretativa.

"y si es posible que la consideración de 'morada' sea doble, en el sentido de poder disponer de la morada en dos residencias que pueda utilizar de forma más o menos habitual una persona, ya que no hay disposición legal alguna que obligue a una persona a 'elegir' cuál es su morada, o si puede disponer de dos que cumplan esta función, aunque a los efectos administrativos sea cierto que hay que identificar a una, por ejemplo, a efectos fiscales, o en las relaciones contractuales, a la hora de fijar un domicilio a efectos de notificaciones. Pero ello no determina que bajo esta opción estemos 'eligiendo' cuál es nuestra morada, excluyendo, con ello, a otra vivienda que también utiliza ocasionalmente, que tiene amueblada, y dada de alta la luz, el agua y gas, como servicios esenciales que acreditan que es vivienda que se utiliza habitualmente, y que no está desocupada en el sentido más propio de inmueble que no se utiliza, y que, por ello, no está con muebles ni dados de alta servicios esenciales para posibilitar ese uso, como hemos expuesto".

Respecto a éste delito, <u>no se hace necesario una orden judicial para desalojar a las personas que han allanado la morada</u>, ya que en este caso, para que las Fuerzas y Cuerpos de Seguridad intervengan y los desaloje cuanto antes, basta con una denuncia del morador de la vivienda, protegiendo a éste último en su derecho a la inviolabilidad del domicilio recogido en nuestra carta magna en su artículo 18.

Por otro lado, el allanamiento de morada poco o nada tiene que ver con la "okupación", cuyo término no viene recogido en el ámbito jurídico, ya que este fenómeno se define legalmente como "usurpación del derecho a propiedad". Este caso se refiere cuando **una persona entra en un inmueble que no es vivienda (morada) de nadie** (inmuebles en desuso, vacíos, especialmente de entidades bancarias o fondos buitre, para vivir o reunirse o con fines culturales etc...) con el fin de vivir o realizar otras actividades.

Otra diferencia es que, a diferencia del allanamiento de morada estriba en el que las Fuerzas y Cuerpos de Seguridad pueden actuar enseguida, sin embargo, en los casos de usurpación sí **se necesita una orden judicial para desalojar a los ocupantes**, lo que puede alargar el proceso en el tiempo. Se trata de un delito leve (Art. 245 CP) castigado con multas de 3 a 6 meses y si involucra violencia e intimidación las penas de prisión pueden alcanzar los 2 años.

Como hemos visto, los conceptos "morada", "vivienda", "domicilio" y "residencia" son fundamentales para distinguir entre ambos delitos. Sin embargo, **¿podría ser que un okupa fuera un inquilino con un contrato de alquiler legal?** Es aquí donde entra en juego el fenómeno de los "**Inquiokupas**".

Por tanto vamos hablar de los artículos del Código Penal referenciados en los siguientes puntos.

3.2. Supuestos delictivos referentes al allanamiento de morada

3.2.1 Allanamiento de morada: Fundamentos y requisitos del tipo penal

Art. 202 Delito de allanamiento de Morada

1. El particular que, sin habitar en ella, **entrare en morada ajena o se mantuviera en la misma contra la voluntad de su morador**, será castigado con la pena de prisión de seis meses a dos años.

2. Si el hecho se ejecutará **con violencia o intimidación** la pena será de prisión de uno a cuatro años y multa de seis a doce meses.

Los artículos 202 y 203 CP están protegidos por el derecho constitucional del **Art. 18.2 de la Constitución Española**, que garantiza la inviolabilidad del domicilio.

Según la **Sentencia del Tribunal Supremo (STS) 94/99 de 31 de mayo el domicilio** es el "espacio para desarrollar la vida privada" dicho de otro modo, se considera el espacio físico, delimitado o no, que sirve como lugar de residencia, ya sea de forma permanente o temporal, y que proporciona un entorno para el desarrollo de la vida privada y familiar.

La **Instrucción 6/2020 de la SES** indica que la ocupación ilegal recibe una respuesta distinta en el Código Penal en los casos de que el inmueble constituye o no la morada de su titular. Este ilícito penal puede darse aunque la vivienda no sea la residencia habitual del morador y la utilice ocasionalmente, o sea que está amueblada y tenga servicios esenciales (luz, agua y gas), lo que corrobora su uso habitual.

La jurisprudencia en la materia prescribe que tanto la "**primera**" como la "**segunda vivienda**" (morador reside en la misma solo en fines de semana o vacaciones) deben recibir la misma protección penal. Esto incluye tanto las residencias habituales como las segundas residencias o residencias de temporada con independencia de que estuvieran o no habitadas en ese momento.

El allanamiento de morada se puede manifestar en dos formas:

- **Allanamiento activo**: El responsable entra sin consentimiento en morada ajena.

- **Allanamiento pasivo:** El responsable, tras una entrada consentida, permanece en el interior del domicilio contra la voluntad del propietario o morador.

En estos dos casos, el individuo es consciente de que está cometiendo un delito y atentando con ello, el derecho a la intimidad del morador. La conducta dolosa se manifiesta tanto en la entrada ilícita como en la permanencia no consentida, en este último caso, a pesar de que la entrada no ha sido ilícita, el responsable sigue en el domicilio a pesar de la oposición del morador.

Para que se establezca el tipo básico del artículo 202, se requiere lo siguiente:

- **El sujeto activo** (el particular que no reside en la vivienda) entre o permanezca en la misma en **contra de la voluntad del morador** (el sujeto pasivo, que puede ser tanto el propietario como el arrendatario).

- El **bien jurídico protegido** es la **intimidad personal** situada en la morada.

- El **objeto material** es la morada de otro/a, indistintamente la vivienda habitual o una segunda residencia.

El delito doloso se confirma con la acción de **entrar o mantenerse en contra de la voluntad del morador** (Art. 202.1 CP), todo ello sin exigir otro resultado más allá que la intromisión de la intimidad.

El **art. 202.2 CP** expone el **subtipo agravado**, en los casos cuando el allanamiento se realiza mediando **violencia e**

intimidación, no reseñando el código penal que la violencia sea practicada contra las personas sino también contra las cosas (por ejemplo, forzar una puerta o ventana al entrar)

Para que el delito de allanamiento de morada se configure, el **responsable** no puede ser el **titular de la morada**. Sin embargo, existen dos situaciones donde esta cuestión puede no ser tan clara:

- **Morador excluido por motivos judiciales**: Un residente puede ser excluido temporalmente de la vivienda por orden judicial, como en casos de violencia género o doméstica, donde el juez dicta una orden de alejamiento.

- **Discrepancias entre moradores**: Si uno de los moradores se opone a la entrada de una persona, pero otro la consiente, prevalece la voluntad del que se opone a dicha entrada, debido al carácter inviolable de la morada.

Conforme a la Jurisprudencia, ponemos especial énfasis en la **STS 1775/2000**, que afirma que el delito *"se perpetra contra la voluntad del morador o del que tiene derecho a excluir, voluntad que puede ser **expresa, tácita y hasta presunta**"*. Por ello, si esto se produce, cabe la posibilidad de solicitar el desalojo inmediato y proceder a la expulsión de los ocupantes ilegales.

En conclusión, el artículo 202 CP castiga la conducta de quien entra o permanece en una morada ajena en contra de la voluntad del morador. La inviolabilidad de la morada es un derecho fundamental protegido tanto en viviendas principales como en segundas residencias, con castigos más severos si los hechos se cometen con violencia o intimidación.

Art. 203 Delito de allanamiento del domicilio de una persona jurídica o de un *establecimiento abierto al público*

*1. Será castigado con las penas de prisión de seis meses a un año y multa de seis a diez meses el que **entrare contra la voluntad de su titular en el domicilio de una persona jurídica pública o privada, despacho profesional u oficina, o en establecimiento mercantil o local abierto al público fuera de las horas de apertura.***

*2. Será castigado con la pena de multa de uno a tres meses el que se **mantuviere contra la voluntad de su titular, fuera de las horas de apertura, en el domicilio de una persona jurídica pública o privada, despacho profesional u oficina, o en establecimiento mercantil o local abierto al público.***

*3. Será castigado con la pena de prisión de seis meses a tres años, el que con **violencia o intimidación entrare o se*** *mantuviere contra la voluntad de su titular en el domicilio de una persona jurídica pública o privada, despacho profesional u oficina, o en establecimiento, mercantil o local abierto al público.*

El **Art. 203.1 CP** se configura cuando alguien **entra** en el domicilio de una persona jurídica pública o privada, despacho profesional u oficina, o en establecimiento abierto al público fuera de las horas de apertura, **contra la voluntad de su titular** estaríamos ante un **delito menos grave**.

El **Art. 203.2 CP** se produce cuando la persona se mantiene en los lugares reseñados contra la voluntad de su titular, fuera del horario de apertura (aun habiendo entrado legalmente en los mismos) y sin que haya habido violencia o intimidación.

El **Art. 203.3 CP** es el **agravante** de los puntos 1 y 2 del mismo artículo cuando se utilice la violencia o intimidación.

La circunstancia del art. 203 es la siguiente:

- **La intimidad domiciliaria**; es el bien jurídico protegido.

- **Los diferentes bienes inmuebles** son el objeto material.

La **tipificación básica** se produce al entrar (<u>allanamiento activo</u>) en contra del titular del establecimiento, fuera del horario de apertura. La **atenuante** se produce cuando se mantiene en dichos inmuebles contra la voluntad del titular fuera del horario de apertura así como el **agravante** se genera al entrar o mantenerse con violencia o intimidación, contra la voluntad del titular siempre en el domicilio de una persona jurídica ya sea pública o privada.

3.2.2. Actuación policial frente a un allanamiento de morada

La intervención policial ante la constancia de la comisión de un delito de allanamiento de morada puede iniciarse de oficio (delito público) o bien a instancia de parte (morador de la vivienda, testigos etc...). El caso que nos ocupa, específica que se trata de la ocupación de una casa habitada, por tanto tiene la consideración de morada, ya que se presume una clara intención de permanecer en ella sin intención de abandonarla, sin perjuicio de que en ese momento los moradores no se encuentren en el inmueble por otros motivos (vacaciones, hospitalización etc...). Esto engloba también segundas viviendas, que los propietarios utilizan de manera ocasional, ya que también se consideran morada.

Aún así, al tratarse de un delito flagrante (Art 18.2 CE y Arts Arts. 553 y 795.1.1 de la LECRim) los Agentes están facultados para entrar en la vivienda ocupada ilegalmente sin necesidad de la pertinente autorización de los nuevos ocupantes ni una autorización judicial. Si las circunstancias lo requieren, actuarán usando la fuerza, incluso derribando la puerta para proceder a la detención de los autores.

No obstante, se debe ponderar si conviene o no utilizar la fuerza, por tanto primero habría agotar otras alternativas que sean menos lesivas. De cualquier forma el uso de dicha fuerza debe regirse bajo los criterios preceptuados en el Art. 5 de la Ley Orgánica 2/1986 de 13 marzo de Fuerzas y Cuerpos de Seguridad (LFCS en lo sucesivo) respetando con ellos los principios de congruencia, oportunidad y proporcionalidad y utilizando los medios adecuados disponibles.

Si los ocupantes llevan residiendo en el lugar durante un tiempo (al menos 48 horas), es posible que se haya constituido como su morada. Sin embargo, no será necesaria una orden judicial para que los agentes entren y desalojen a los ocupantes, devolviendo la vivienda a sus legítimos propietarios.

En consecuencia, ante este delito se deberá tener en cuenta a la hora de actuar lo siguiente:

1. **Identificación y localización del inmueble** recabando todos los datos posibles sobre su ubicación y características.

2. **Identificación de todas las personas ocupantes del inmueble**, requiriéndoles que presenten algún título,

contrato o autorización del titular que les permita acceder a la vivienda y hacer uso de ella. Si no es así, se les informará de inmediato que la residencia no es de su propiedad. En caso de que el propietario esté presente, se pondrá en conocimiento a los autores que el titular de la vivienda no consiente su ocupación o permanezcan en ella, del mismo modo se les informará que el propietario ha formalizado denuncia contra ellos.

3. **Identificación de testigos** que hayan observado el delito (particulares, guardias de seguridad, conserjes del edificio etc...)

4. **Inspección ocular, exhaustiva para verificar los daños causados en la vivienda**, recopilando pruebas fotográficas y en video. Asimismo, se revisarán posibles daños tanto en el acceso como en el interior del inmueble. Del mismo modo, se realizarán comprobaciones para la verificar la perpetración de posibles delitos como una posible defraudación de fluido eléctrico o daños adicionales, buscando cualquier indicio que demuestre la intención de los ocupantes de permanecer en el inmueble.

5. **Instrucción de diligencias y formalización de atestado** en el que también se incluyen aquellos comportamientos que puedan ser constitutivos de otros

hechos delictivos (daños, coacciones, defraudación de fluido eléctrico, entre otros).

6. **Si hubiera menores o personas con especial vulnerabilidad** en viviendas que se encuentren en malas condiciones de habitabilidad, se deberá informar de inmediato a los servicios sociales del municipio o a la administración competente.

7. **Adoptar medidas de seguridad adecuadas** para evitar que, una vez desocupada la vivienda, vuelva a ser ocupada por terceros.

8. **En el caso de que existan indicios que corroboren que detrás de los hechos se encuentra una organización o grupo criminal.** Es muy importante plasmarlo en el atestado policial, especialmente en el informe complementario que facilite el conocimiento global de la investigación. Se deberán destacar los elementos esenciales de la organización, indicios e inferencias que permitan imputar de los partícipes en el grupo u organización criminal investigada.

En cuanto al **DESALOJO en caso de allanamiento de morada y de domicilio de persona jurídica**, el mismo se efectuará conforme a la detención/es que pueda/n producirse, las cuales estarán determinadas por la flagrancia del delito. En cuanto a lo expuesto, es fundamental estar ante lo expuesto en la **Sentencia del Tribunal Supremo 399/18 de 12 septiembre** que enumera los siguientes criterios, los cuales resumimos a continuación:

a) Inmediatez de la acción delictiva

- El delito se está cometiendo o se ha cometido instantes antes.

- El delincuente es sorprendido en el acto o poco después. (795 LECrim)

b) Elementos que definen la flagrancia

- Presencia del delincuente en relación con el objeto o instrumento del delito.

- Evidencia directa o a través de terceros que alertan a la policía.

Si se requiere un proceso deductivo complejo, no se considera flagrancia.

c) Necesidad urgente de intervención policial

La policía debe intervenir para:

- Evitar la progresión del delito.

- Prevenir la propagación del daño.

- Detener al delincuente.

- Asegurar pruebas que podrían desaparecer sin autorización judicial

En estas circunstancias, la IES 6/2020 expresa literalmente: *"tratándose el allanamiento de un delito de carácter permanente, la concurrencia de flagrancia como elemento para la perfección del delito no debe vincularse a la superación o no del plazo temporal alguno"*. En relación a esto, el autor Mozas Pillado, J (2021) en su libro Ocupantes ilegales de inmuebles. Una Perspectiva penal y criminológica. Especial Referencia al desalojo Policial apunta a que *"este inciso tiene la finalidad de erradicar la supuesta creencia de que pasadas las primeras 48 horas tras la ocupación, la policía ya no puede proceder al desalojo de los ocupantes ilegales"* A partir de lo expuesto, la flagrancia sería aplicable en una diversidad de casos pasándose a ilustrar los siguientes:

Aplicación de la flagrancia en diversos casos
Aviso de vecinos o testigos: Estos informan de que hay personas entrando en un inmueble usando la fuerza, fracturando puertas o ventanas
Aviso de una central de alarmas: La Central de alarmas avisa a la Policía tras la activación de una señal de intrusión en un inmueble.
Declaración de un vigilante o conserje: Contratados por los propietarios, avisan a los Agentes de la Autoridad de que se está produciendo la ocupación de la vivienda en ese momento.
Otras formas de aviso: Las Fuerzas y Cuerpos de Seguridad del Estado (FCSE) pueden tener conocimiento de estos hechos por otros medios, como aplicaciones informáticas, redes sociales, anuncios en internet, etc.

Tras esto, estaríamos ante la circunstancia que se podría dar en la actuación, es decir, si cabe detención o no de los ocupantes de la vivienda por propia iniciativa de los policías intervinientes. Por tanto vamos a reseñar las circunstancias que se pueden dar en cada caso:

a) Detención por flagrante delito (Art. 492 LECrim)

- Los agentes están obligados a detener al delincuente in fraganti.

- Es necesario evaluar si se cumplen los elementos de flagrancia según la ley y la jurisprudencia.

b) Delito leve y circunstancias en las que concurren o no la detención (Art 495 LECrim)

- Si no hay flagrancia y el delito es leve, no se procederá a la detención.

*Excepción: Si el presunto reo no tiene domicilio conocido o no ofrece suficiente fianza, sí se podrá detener.

c) Identificación plena en lugar de detención e investigado no detenido (Art. 493 y 771.2 LECrim)

- Si no procede la detención según el artículo 492, los agentes deben identificar plenamente a los presuntos autores.

- En estos casos, se aplicará lo dispuesto para el investigado no detenido, según el Art. 771.2 LECrim.

3.3. Supuestos delictivos referentes a la usurpación de inmuebles

3.3.1. Usurpación ilegal: Fundamentos y requisitos del tipo penal:

Art. 245 Delito de usurpación ilegal

1. Al que con violencia o intimidación en las personas ocupare una cosa inmueble o usurpare un derecho real inmobiliario de pertenencia ajena, se le impondrá, además de las penas en que incurriere por las violencias ejercidas, la pena de prisión de uno a dos años, que se fijará teniendo en cuenta la utilidad obtenida y el daño causado.

2. El que ocupare, sin autorización debida, un inmueble, vivienda o edificio ajenos que no constituyan morada, o se mantuviera en ellos contra la voluntad de su titular, será castigado con la pena de multa de tres a seis meses.

Este artículo establece el **delito de usurpación de inmuebles,** que engloba tanto la **ocupación de un** inmueble como la usurpación de un derecho real inmobiliario ajeno. Se establecen dos tramos:

- **Variante con violencia o intimidación (art. 245.1 CP):** Se trata de un delito menos grave que lleva aparejadas.

- **Variante sin violencia (art. 245.2 CP):** Se considera un delito leve en el caso de que no haya violencia o intimidación, y se castiga con una multa.

El **bien jurídico protegido** es el **derecho a la propiedad privada**, entendida en su vertiente de disfrute tranquilo y sin injerencias de los bienes inmuebles. Esto significa que la ley garantiza que la posesión o cualquier otro derecho real sobre estos bienes se pueda practicar sin injerencias ni molestias por parte de terceros.

En este sentido el **Tribunal Supremo a través de la sentencia nº 800/2014, del 12 de noviembre de 2014,** en la cual prescribe que aunque se considera que el bien jurídico protegido es el patrimonio inmobiliario *"la lesión del bien jurídico requiere que se ocasione un perjuicio al titular del patrimonio afectado, que es el sujeto pasivo del delito".*

Al ser un delito de **naturaleza dolosa y de carácter permanente** por su acción de ocupar el inmueble o usurpar. En ambos casos, el sujeto activo ha de tener conocimiento de la ajenidad del derecho y la ausencia total de autorización o de la oposición del titular del bien.

En relación al supuesto leve del Art. 245.2 CP, la Instrucción FGE 1/2020 establece que los componentes requeridos para su comisión serían los siguientes:

- **Intencionalidad de permanecer:** Sujeto activo con voluntad de mantenerse en el inmueble.

- Que los **usurpadores adolezcan de título jurídico** del inmueble, ni siquiera temporalmente o en precario.

- Que **oposición del titular, por tanto debe haber constancia** de la voluntad contraria a tolerar la ocupación por el titular del inmueble, ya sea antes o después de producirse.

- Que el usurpador tenga **constancia de la ajenidad de la vivienda** y de la carencia de autorización, unido a la voluntad de afectar al bien jurídico tutelado.

3.3.2. Actuación policial frente a la usurpación de inmuebles

Se refiere a la ocupación de inmuebles no habitados, donde los usurpadores tienen la intención de permanecer en los mismos sin voluntad de abandonarlos

En este caso, como hemos analizado previamente, el delito puede manifestarse de dos formas principales: sin o con violencia o intimidación. Dado que ya hemos profundizado en el artículo 245 del Código Penal en ambas vertientes, tanto en su modalidad pacífica como en la que se emplea fuerza o amenazas, en este punto nos centraremos en **la actuación adecuada ante este tipo de hechos delictivos**. Es decir, explicaremos las acciones que deben tomarse cuando se sospecha o se ha sido víctima de un delito de este tipo.

a) Sin violencia e intimidación. (Art. 245.2 CP):

Cuando no constituya morada de los okupas:

Este hecho delictivo suele ser el caso más frecuente de ocupaciones ilegales, al ser un acceso a un inmueble que no constituye morada, se considera el supuesto más leve del delito de usurpación (Art. 245.2 CP). Es un delito público siendo por tanto perseguible de oficio, por tal razón, no hace falta la denuncia del perjudicado u ofendido.

Si no se tiene constancia de la comisión del delito imposibilita acceder o desalojar el inmueble afectado, con la excepción de que tenga una previa autorización judicial que así lo justifique.

Aquí, se da la flagrancia de la que hemos hablado anteriormente, o sea, el inmueble se está ocupando o se acaba de ocupar con el requisito de que no constituya morada (vivienda deshabitada), con independencia de que pertenezca a un particular, inmobiliaria o entidad bancaria, la circunstancia descrita prescribe que aún no ha pasado a ser morada. En este escenario, la actuación de las Fuerzas y Cuerpos de Seguridad en este tipo de viviendas, debe regirse en distinguir si está o no presente la flagrancia en la comisión del hecho delictivo ya que en caso de flagrancia se actuarían de la misma forma que lo expresado en párrafos anteriores.

Cuando el Cuerpo Policial se enfrente a una ocupación pacífica que afecte a una vivienda deshabitada y el inmueble aún no se haya constituido formalmente como morada de los ocupantes, deben actuar para evitar que el delito progrese. **Es importante destacar que la actuación policial en el caso que nos interesa puede proceder al desalojo inmediato de los individuos que se encuentren en el interior sin consentimiento de estos, sin que tampoco medie autorización judicial.** En estas circunstancias el propietario de la vivienda usurpada no tiene que inmiscuirse en un largo y tedioso procedimiento judicial y órdenes de desalojo.

La Ley de Fuerzas y Cuerpos de Seguridad (LFCS) impone pautas definidas a la actuación policial. Aunque el Art. 5.3 de la LFCS menciona los principios de congruencia, oportunidad y proporcionalidad, estos no facultan a la policía para realizar desalojos sin orden judicial, salvo en casos excepcionales y debidamente justificados como es el que nos ocupa.

Ante tal situación, el propietario de la vivienda ocupada, debe denunciar los hechos y solicitar una orden judicial de desalojo. La policía, por su parte, tiene la obligación de preservar el lugar de los hechos, proteger los bienes y garantizar que no se produzcan alteraciones del orden público.

Cuando constituya morada de los okupas:

En el caso de ocupación de una vivienda que inicialmente se encontraba deshabitada (no considerándose como morada), y cuyos ocupantes llevan residiendo en ella desde hace algunos días, deben considerarse las siguientes cuestiones:

1. Accedieron a la vivienda con autorización previa (sea válida o no), en este caso se derivaría en un proceso civil.

2. La ocupación no hubiera sido detectada en el momento de producirse, de manera que el periodo de ocupación ha sido largo, ese inmueble se habría constituido en morada de los okupas, por lo que el acceso al mismo solo se podría realizar en este caso con autorización de los moradores o en su defecto, mediante autorización judicial.

Una de las causas donde se puede dar este caso se produce, cuando se recibe un aviso de denuncia por parte de una persona, que asegura que tiene conocimiento desde hace una semana de la ocupación irregular de su inmueble

Ante tal contexto, hay que tener en cuenta que la vivienda ya se ha establecido como morada de sus ocupantes ilegales, y por ello, los agentes no podrán entrar en su interior sin el consentimiento previo de sus moradores o previa autorización judicial, excepto que se condicionante expresado en el Art. 15.2 de la LOPSC que permite la entrada en domicilios para evitar daños inminentes y graves a personas o bienes en situaciones de catástrofe, ruina inminente u otras circunstancias de extrema y urgente necesidad.

Este tipo de ocupación suele ser el más perjudicial para sus legítimos propietarios, ya que el proceso para recuperarlo es más largo y tedioso. Ante esto, hay que reseñar que pese a que ni a nivel jurídico ni de jurisprudencia se han puesto de acuerdo para precisar el tiempo mínimo necesario para que un inmueble se constituya como morada de los que la ocupan, es común tomar como referencia las primeras 48 horas. Transcurrido este tiempo, si los ocupantes cambiaron la cerradura y se observa que la vivienda está habitada, se deduce que se ha constituido en morada, siendo por ello necesario una orden judicial para desalojar.

En estas actuaciones policiales, es importante verificar antes quien reside en el inmueble, entrevistarse con vecinos que confirmen que los ocupantes llevan viviendo allí algún tiempo así como comprobar la presencia de enseres personales que indiquen que la vivienda está siendo habitada.

En conclusión, en estos casos la iniciativa policial de entrar en el inmueble, tiene que sopesar en contraste a la solicitud de autorización judicial, ya que una entrada sin dicha autorización podría constituir en un delito de allanamiento de morada.

El principal obstáculo con el que se podría encontrar la actuación policial es la identificación de los okupas, es su negativa a colaborar (negarse a identificarse, no abriendo la puerta, o simular que no se encuentra nadie en la vivienda.

b) Con violencia e intimidación. (Art. 245.1 CP):

En el caso que el inmueble no constituya morada y la entrada a la misma se hubiese producido con violencia o intimidación, estaríamos ante el supuesto agravado del delito de usurpación (Art. 245.1 CP) que lleva aparejada una pena de prisión de uno a dos años.

Al producirse la citada violencia e intimidación sobre el titular del inmueble, generalmente será dicho titular quien denuncie los hechos.

Cuando no constituya morada de los okupas

Si a la llegada de la policía se está ocupando o intentando ocupar un inmueble (delito flagrante), habiendo mediado violencia e intimidación sobre el legítimo propietario del mismo, aunque hayan cerrado la puerta o cambiado la cerradura, se podrá intervenir inmediatamente (caso de flagrancia) expulsando a los okupas y procediendo a su detención. Los agentes se encontrarán habilitados para entrar en el inmueble sin autorización judicial o consentimiento de sus ocupantes, haciendo uso de la fuerza mínima imprescindible para ello, en caso necesario, siempre atendiendo a los principios de congruencia, oportunidad y proporcionalidad en la utilización de los medios que estén al alcance.

Cuando constituya morada de los okupas

En el caso que la ocupación se haya producido de manera violenta, es decir, mediante el uso de fuerza o intimidación, y esto implique penas de prisión de 1 a 2 años, la actuación policial está supeditada a restricciones si el inmueble ha pasado a considerarse la morada de los ocupantes. Ante esto, no sería posible entrar en la vivienda para proceder a la detención o desalojo de los okupas sin una orden judicial, ya que hacerlo podría constituir un delito de allanamiento de morada.

No obstante, existe una excepción. La ley permite la intervención policial inmediata, sin autorización judicial, si se presenta un riesgo grave e inminente para las personas o los bienes, como lo estipula el Artículo 15.2 LOPSC. Un ejemplo de esto sería si los ocupantes están causando daños graves intencionados al inmueble o generando condiciones que representen un serio problema de salubridad. En tales circunstancias, la policía estaría facultada para entrar, desalojar a los okupas y proceder a su detención.

3.3 Actuación policial general

3.4.1 Recopilación de testimonios y pruebas de la ocupación:

Trasladados al lugar de los hechos, se deben obtener testimonios de testigos, vecinos y propietarios del inmueble, en pos de recabar a la mayor celeridad posible información precisa sobre la ocupación. Esto permite una rápida y efectiva intervención policial, especialmente cuando la ocupación ha ocurrido recientemente. Aunque los ocupantes pudieran haber introducido muebles o incluso menores de edad para aparentar una residencia prolongada y evitar el desalojo. Por ello, es de suma importancia verificar cuidadosamente ciertos aspectos para asegurar una actuación adecuada:

Si la vivienda estaba habitada

Momento en el cual se produjo la okupación.

Si se usó algún tipo de violencia o fuerza en las cosas.

Si bien los testimonios antes descritos en un principio se recogen de manera verbal, después se formalizarán por escrito en la instrucción de diligencias.

3.4.2 Localización del propietario y formulación de denuncia:

Es fundamental la localización del propietario de la vivienda okupada que puede ser, un particular, una empresa, un administrador o una entidad bancaria.

En el supuesto que el propietario no se encuentre en el lugar de la ocurrencia, se realizarán gestiones a través de vecinos para ponerse en contacto con él para las comprobaciones pertinentes respecto a la no autorización de ocupación del inmueble.

El siguiente paso es darle conocimiento (sino ha sido el requirente) de la usurpación, por ello se deberá identificar plenamente (filiación, domicilio, teléfono de contacto), comprobando lo siguiente:

-**No autorizó a los okupas que accedan** y permanezcan en el lugar

-**Si utilizaron violencia e intimidación** en la ocupación de la vivienda.

-**Recomendarle a formalizar denuncia** de los hechos (ante Policía o Juzgado) tan pronto como sea posible

Hay que informarle de la necesidad de formalizar denuncia por la ocupación ilícita de su vivienda. Lo convenientes es presentarla ante las Fuerzas y Cuerpos de Seguridad del Estado con competencia territorial (y a su vez en la materia) en la demarcación donde se haya producido la ocupación, sin embargo también podría interponerla ante Policía Local y luego traspasar las primeras diligencias que se instruyan a los citados cuerpos.

Hay que recabar información de la situación de la vivienda si estaba habitada o no, segunda vivienda, en venta o alquiler etc... El propietario deberá proporcionar la documentación que verifique que es titular del inmueble (Escrituras o una nota simple del registro de la propiedad), además de la valoración de los daños que le hayan ocasionado en el inmueble. En el supuesto de que fuera la ocupación de las zonas comunes de una comunidad, la denuncia deberá formalizarla el presidente o en su caso el administrador de la comunidad.

Cuando el titular de la vivienda interponga la denuncia, es fundamental que manifieste claramente que se opone inexorablemente a que los "okupas" se mantengan en el interior de su vivienda. En este contexto, puede darse el caso de "Inquiokupas", donde un inquilino alquila la vivienda con intención de ocupar ilegalmente posteriormente. En estos casos, el inquilino firma un contrato de alquiler legal con el propietario, paga dos o tres meses de renta y luego, deja de hacerlo deliberadamente. El propietario deberá de presentar junto a la denuncia el contrato de arrendamiento, aunque en éste caso se procedería por la vía civil.

Del mismo modo, es conveniente que el titular de la vivienda justifique que el inmueble no estaba abandonado, adjuntando la documentación pertinente que acredite:

- La fecha de compra de la vivienda

- La fecha del contrato de alquiler así como la identidad de los arrendatarios

- En el caso que esté en venta o alquiler (Lugar donde se anuncia o inmobiliaria)

- Si está a la espera de ser reformada o derruida (en este caso adjuntar la documentación pertinente

Respecto a la actuación policial, la misma va sujeta a lo siguiente:

- **Acreditar la propiedad o derecho sobre el inmueble:** Con documentos como la escritura de propiedad o un contrato de arrendamiento.

- **Expresar su oposición a la ocupación:** El propietario debe manifestar claramente que no consiente la ocupación, y los ocupantes deben estar informados de su oposición.

- **Confirmar que los ocupantes no tienen un título válido:** Verificar que los ocupantes no poseen ningún documento legal que les permita estar en la vivienda, aunque lleven tiempo

3.4.3 Consultas y comprobaciones policiales:

Si fuera conveniente, para cerciorar la legalidad del estado del inmueble así como realizar las comprobaciones oportunas para identificar a su titular se podrá consultar a través de los siguientes registros oficiales:

- **Padrón municipal** (comprobaciones oportunas para verificar qué personas están empadronadas)

- **Catastro** (identificación del titular catastral de la vivienda afectada)

- **Registro de la propiedad** (A través de una copia simple constatar el propietario de la vivienda)

- **Determinar la vigencia de los contratos de las empresas suministradoras de servicios básicos** (luz, agua, gas)

3.4.4 Intervención Policial y Procedimiento de Desalojo

Si, tras las averiguaciones, se constata fehacientemente que los usurpadores no tienen derecho legítimo para residir en el inmueble, los Agentes actuantes deben actuar de la siguiente forma:

a) Identificación y advertencia a los "Okupas":

En el caso de que no se haya hecho uso de la violencia o intimidación, se identificaran a los autores pudiendo darse las siguientes circunstancias:

Circunstancias de identificación en base a los artículos 8 y 16 LSC
Si se identifican se procederá a la filiación
Si carecen de filiación se procede a su detención.
Si no se quieren identificar, incurrieran en delito de desobediencia por lo que se detendrán.

Esta acción delictiva se trata de un delito leve, por lo que no se procedería a la detención de los usurpadores, salvo que alguno de los okupas no tuviese domicilio conocido, sumando que no diese fianza bastante a juicio de los Agentes (Art. 495 LECrim). Se comprobarán los antecedentes policiales así como requisitorias si las hubiera.

Los agentes deberán informar a cada uno de los usurpadores de que van a ser investigados como presuntos autores de un delito de usurpación de bien inmueble tipificado en el 245.2 del Código Penal.

Se les solicitará que abandonen la propiedad de manera inmediata, advirtiéndoles que, de no hacerlo, la policía procederá al desalojo, haciendo uso de la fuerza si fuera necesario, lo que podría incluir la rotura de cerraduras o la intervención directa para asegurar el inmueble. Además, se les informará que su negativa podría incurrir en un delito de desobediencia o resistencia a la autoridad, tipificado en el artículo 556 del Código Penal.

Una vez se haya desalojado el inmueble, se procederá a precintarlo y se advertirá a los okupas que no vuelvan a ocupar el inmueble, porque el hecho podría constituir un delito de desobediencia grave como se ha especificado en el otro caso en el párrafo anterior

b) **Detención:**

Procedimiento en ocupaciones sin violencia

En los casos de ocupación sin violencia o intimidación, **como hemos reseñado en apartados anteriores**, si se cumplen los requisitos del **artículo 495 de la LECrim**, los individuos **no serán detenidos** en el momento, serán considerados como investigados no detenidos. Esta situación se da cuando no existen indicios suficientes para justificar una detención, pero sí los necesarios para iniciar un proceso penal. En tales casos, la actuación policial consistirá en la identificación de los ocupantes y la recopilación de pruebas para la investigación judicial.

Si no se cumplen los requisitos del artículo 495 LECrim, se procederá a la **detención** de los individuos por un presunto delito de **usurpación** conforme al **artículo 245.2 del Código Penal**, en grado de consumación o tentativa, dependiendo de si fueron sorprendidos **in fraganti**. Del mismo modo, el hecho es susceptible de juicio rápido en base al **art. 795 LECrim** cuya reforma operada a través de la Ley Orgánica 1/2025, de 2 de enero, de medidas en materia de eficiencia del Servicio Público de Justicia por lo que se le deberá entregar Cédula de citación por juicio rápido para que asista ante la autoridad judicial.

Procedimiento en ocupaciones con violencia o intimidación

Cuando la ocupación del inmueble se realice con **violencia o intimidación**, los agentes de la autoridad **procederán siempre a la detención** de los ocupantes. En este caso, conforme a lo dispuesto en los **artículos 245.1 y 245.2 del Código Penal**, el delito de usurpación se agrava considerablemente debido al uso de la violencia o coacción sobre las personas o los bienes.

Los individuos serán **detenidos inmediatamente** una vez constatada la **violencia** empleada para llevar a cabo la ocupación o durante su resistencia a abandonar el inmueble. En estos casos, la detención es obligatoria por la gravedad del delito y el riesgo inherente de nuevas agresiones o intimidaciones, así como la posibilidad de que los ocupantes se den a la fuga.

En el momento de la detención, los ocupantes deberán ser informados de manera clara y comprensible sobre los motivos de su detención y de los **derechos que les asisten**, tal como establece el **artículo 17.3 de la Constitución Española** y el **artículo 520.2 de la Ley de Enjuiciamiento Criminal (LECrim)**. Es fundamental que esta información sea proporcionada de manera inmediata y quede constancia de ello en la correspondiente **comparecencia inicial**.

Conforme al **artículo 5.3 de la Ley Orgánica de Fuerzas y Cuerpos de Seguridad (LOFCS)** y el **artículo 520.1 de la LECrim**, la detención debe practicarse de manera que se minimice cualquier perjuicio a la persona detenida, respetando su **honor, dignidad y patrimonio**. No obstante, la actuación de los agentes debe ser firme y asegurar que la violencia no se repita durante el proceso de detención.

Tras ser detenidos, los ocupantes serán **puestos a disposición judicial** lo antes posible, junto con el **atestado policial** que recoja los hechos. La documentación de la detención y de las pruebas recabadas (como testimonios de vecinos, observación de daños físicos o elementos que demuestren la violencia empleada) será clave para que el juez pueda valorar la situación y aplicar las correspondientes medidas judiciales.

Esta medida de la **detención** se justifica en situaciones de violencia o intimidación para asegurar la **comparecencia ante la justicia** de los infractores y evitar riesgos, como posibles **fugas** o la repetición de actos violentos que pongan en peligro a la propiedad o a terceros. Además, cuando la violencia está presente, es fundamental que los agentes actúen con celeridad y diligencia para preservar el orden y garantizar la seguridad de todas las partes implicadas.

3.5 Perspectiva jurídica de la ocupación ilegal y concurrencia de delitos

Desde nuestra perspectiva jurídica la "Okupación de inmuebles" existe un contraste de derechos fundamentales: por un lado estaríamos ante lo expuesto en el **Art. 33 de la Constitución Española** *"nadie podrá ser privado de sus bienes y derechos sino por causa justificada de utilidad pública o interés social, mediante la correspondiente indemnización y de conformidad con lo dispuesto por las leyes"* que establece a la propiedad privada como un derecho del ciudadano y en su contraposición se consigna en el **Art. 47 de nuestra carta magna** *"Todos los españoles tienen derecho a disfrutar de una vivienda digna y adecuada. Los poderes públicos promoverán las condiciones necesarias y establecerán las normas pertinentes para hacer efectivo este derecho, regulando la utilización del suelo de acuerdo con el interés general para impedir la especulación".*

La ocupación ilegal de viviendas no solo abarca la usurpación sino también otros delitos que actúan en concurso (robo con fuerza en las cosas, escalada, suministro de fluido eléctrico o análogo etc..). Del mismo modo, cuando se producen desalojos y procedimientos judiciales, los okupas frecuentemente ofrecen resistencia, lo que puede derivar en delitos adicionales como la resistencia, el atentado o la desobediencia a los agentes de la autoridad.

En situaciones de ocupación también pueden darse infracciones administrativas o penales en función de la **utilización indebida de**

espacios públicos o el **quebrantamiento de sellos judiciales**. Por ejemplo, si los ocupantes interfieren en bienes públicos o áreas comunes, los agentes podrían aplicar **la Ley de Protección de la Seguridad Ciudadana**, que sanciona estas acciones. Además, en algunas circunstancias, los ocupantes pueden ser responsables de delitos relacionados con el **allanamiento de morada** si el inmueble ocupado está habitado en el momento de la ocupación, o se utiliza eventualmente como residencia por su legítimo propietario

En el marco de las intervenciones policiales frente a ocupaciones ilegales de inmuebles, es esencial comprender la posible concurrencia de varios delitos en un mismo hecho. La actuación policial no solo se centra en la usurpación del bien inmueble, sino que puede implicar la **aplicación de varios tipos penales** que pueden concurrir de forma simultánea. A continuación se detallan los delitos que pueden presentarse y cómo interactúan entre sí en los **concursos de delitos**.

3.5.1 Delito de robo y concurso con daños (Arts. 237, 238 y 263 CP)

El **delito de robo** con fuerza en las cosas es muy frecuente que suceda en las ocupaciones ilegales, cuando los usurpadores fuerzan cerraduras, ventanas o escalamientos para entrar al interior de un inmueble. Este delito puede derivar en otro **delito de daños** si el valor de los destrozos son relevantes. En esta situación, se aplicaría un concurso real de delitos entre robo y daños, al transgredir bienes jurídicos distintos: la posesión y la integridad patrimonial del inmueble.

Las Fuerzas de Seguridad deberán documentar fehacientemente por un lado los indicios de robo (forzamiento y uso de herramientas) y por otro los daños materiales (estructuras afectadas) en pos de que estos delitos puedan ser enjuiciados por separado. El **Art. 238 CP** también contempla el robo con fuerza en las cosas cuando hay **escalamiento, uso de llaves falsas o inutilización de sistemas de alarma**. Incluso los daños causados con dolo pueden ser considerados como un **delito independiente**, pero supeditado a la gravedad del mismo así como a su valoración pericial.

3.5.2 Concurso de usurpación y defraudación de fluido eléctrico (Art. 245 y 255 CP)

Otro delito característico que se atribuye a este tipo es la **defraudación de fluido eléctrico** o de los servicios de agua o gas. Suceden cuando los ocupantes efectúan **conexiones ilegales.** Concurriendo con la **usurpación** sería un concurso ideal de delitos. El Art. 255 CP castiga estos hechos en virtud del valor defraudado, considerándose más graves los casos que superen los 400€. En este tipo de delitos, los Agentes intervinientes deberán hacer constar las **conexiones fraudulentas** (cableado o contadores manipulados), colaborando con los técnicos para certificar la defraudación. Esta convergencia conlleva que, pese a que un solo hecho origine varios delitos, cada uno vulnera un bien jurídico distinto, por lo que se impondrán las penas correspondientes.

3.5.3 Delito de desobediencia y resistencia, y concurso con atentado a la autoridad (Art. 550 y 556 CP)

Aunque en apartados anteriores hemos hablado de ellos, aquí lo hacemos de forma más profunda en relación al concurso de delitos que se puedan dar. Por tanto, esta tipología se puede originar en los operativos de desalojo, en el cual los ocupantes se pueden resistir a las órdenes judiciales, algo que puede derivar a delitos de **desobediencia, resistencia activa** o incluso **atentando contra los agentes de la autoridad**.

Por ello, el **concurso ideal de delitos** se produce cuando estas conductas suceden en la misma situación. Se debe acreditar en las diligencias que se practiquen los **actos de violencia, resistencia** así como las **órdenes desobedecidas**, para propiciar que los jueces valoren adecuadamente la gravedad de estos delitos.

3.5.4 Concurso entre allanamiento de morada y otros delitos (Arts. 202 y 245 CP)

En el supuesto que la ocupación perjudique a una **vivienda habitada** o una **segunda residencia**, el delito se convierte en **allanamiento de morada** (Art. 202 CP). Este delito protege el derecho a la intimidad del morador, diferenciándose de la **usurpación** en que esta última protege la intimidad del morador. Durante el allanamiento pueden cometerse otros ilícitos como **robo o daños, dándose en este caso un concurso medial,** ya que el allanamiento de morada es el medio para la comisión de otro delito más grave. Ante esto, los órganos judiciales imponen la pena más grave, y la actuación policial debe ceñirse en preservar las pruebas de todos los delitos cometidos para facilitar la valoración judicial.

3.5.5. Concursos entre Delitos y Denuncias Administrativas

Puede darse la coyuntura de que los hechos puedan estar tipificados tanto en el **Código Penal** como en la **Ley de Seguridad Ciudadana, produciéndose con ello un posible concurso entre delitos y denuncias administrativas. En este punto, prevalece la vía penal sobre la vía administrativa, según el principio "NON BIS IN IDEM" que significa** "No dos veces por lo mismo" y de esta literalidad se deduce su significado que prescribe lo siguiente: Garantía del ciudadano que consiste en la prohibición de perseguirlo o de sancionarlo dos veces (con dos penas, con una pena y una sanción o con dos sanciones) por el mismo ilícito.

3.6. Inspección ocular en el interior del inmueble ocupado.

Se efectuará una inspección ocular al amparo legal del Art. 282 LECrm, 443 a 446 de la Ley Orgánica del Poder Judicial, 11.1.g) de Ley Orgánica 2/1986 de 13 de marzo de Fuerzas y Cuerpos de Seguridad y el Real Decreto 69/87 de Policía Judicial, constatando documentalmente el estado del inmueble complementándolo con un reportaje fotográfico/videográfico para comprobar lo siguiente;

Estado del inmueble (si es habitable, estado de conservación, la existencia de servicios básicos)

Signos de abandono o deterioro (En este caso para la ocupación pacífica de inmuebles)

Síntomas evidentes de forzamiento de puertas, ventanas o cerraduras para la entrada en el inmueble.

Daños ocasionados en la ocupación ilegal (puertas, ventanas, paredes o mobiliario) y sustracción de su interior de mobiliario o efectos

Si se produce una **defraudación del fluido eléctrico** (luz, agua o gas)

3.7. Medidas a tomar después del desalojo.

En el momento en que los okupas hayan sido desalojados, a modo preventivo, se procederá a asegurar el inmueble para evitar que sea ocupado nuevamente. Del mismo modo, se recomendará al propietario que cambie las cerraduras, así como refuerce puertas y ventanas y de modo adicional implementar sistemas de seguridad.

Si como consecuencia de la ocupación se produjeron otros ilícitos en el interior del inmueble como daños, sustracción de bienes o manipulaciones en los sistemas de suministro, deberán reflejarse debidamente en el atestado. Se instará al propietario del inmueble que presente un inventario con detalle de los bienes que tenía antes de la usurpación para facilitar la imputación de los delitos

3.8. Confección del atestado

Se instruye el correspondiente atestado en el que se incluirán además de las diligencias esenciales, aquellas otras conductas que puedan ser constitutivas de otros hechos delictivos que se hubiesen podido cometer (daños, coacciones, defraudación de fluido eléctrico etc...). Tambien se denunciaría administrativamente por los mismos hechos, quedando esta opción paralizada hasta que no se resuelva el procedimiento judicial en aplicación del principio "non bis in ídem", ya que en el caso de archivarse la causa judicial se estimarán los hechos que son constitutivos de infracción administrativa. No obstante se deberá realizar la denuncia administrativa y poner los hechos en conocimiento del Subdelegado del Gobierno de la provincia, especificando que se han instruido diligencias al respecto y estas han sido remitidas al Juzgado competente.

3.9. Actuaciones policiales en situaciones no delictivas

A continuación vamos a ver las situaciones en las que la ocupación ilegal de inmuebles no siempre dimanan en actuaciones penales. Ocasionalmente, estas actuaciones policiales derivan en infracciones administrativas que precisan una respuesta policial eficaz, pero no tienen porque involucrar delitos tipificados en el Código Penal. En los siguientes apartados vamos hablar de actuaciones policiales que derivan en infracciones administrativas y situaciones urbanísticas relacionadas con la ocupación.

3.9.1. Actuación en infracciones administrativas (Art. 37.7 LO 4/2015)

En el supuesto que la ocupación de un inmueble no cumpla lo preceptuado en el Código Penal como tal, pero sin embargo sí constituye una infracción administrativa según el Art. 37.7 LSC, considerada como una infracción leve y dice lo siguiente *"La ocupación de cualquier inmueble, vivienda o edificio ajenos, o la permanencia en ellos, en ambos casos contra la voluntad de su propietario, arrendatario o titular de otro derecho sobre el mismo, cuando no sean constitutivas de infracción penal. Asimismo la ocupación de la vía pública con infracción de lo dispuesto por la Ley o contra la decisión adoptada en aplicación de aquella por la autoridad competente. Se entenderá incluida en este supuesto la ocupación de la vía pública para la venta ambulante no autorizada"*

En este punto, los Agentes han de actuar de la siguiente manera:

- **Identificación de los "okupas"**: A ser posible se identificarán a todas las personas usurpadoras del inmueble sin un título legítimo.

- **Desalojo del inmueble:** Si se confirma que no son propietarios del inmueble al no tener un título que legitime su propiedad o bien su alquiler, se procederá al desalojo de los ocupantes, siempre que esto no ponga en riesgo la seguridad de las personas.

- **Formalización de actas de denuncia:** Los "okupas" serán denunciados administrativamente por tales hechos, consignando las actas de denuncia donde se especifiquen los hechos denunciados, la identificación de los infractores y, si es posible, testimonios de los vecinos o testigos que constatan la ocupación. Toda actuación policial debe ajustarse a lo establecido en el Art.52 de la LSV con el art. 77.5 de la Ley 39/2015 1 octubre del Procedimiento Administrativo común de las Administraciones Públicas, ciñéndose los Agentes en su intervención según lo prescrito en los Arts. 5 y 53 de la ley Orgánica 2/86 13 marzo de Fuerzas y Cuerpos de Seguridad.

- **Avisar al titular del inmueble:** Se pondrá en conocimiento de los hechos al titular legítimo del inmueble sobre la situación, en pos de que pueda tomar medidas de seguridad, reparar daños ocasionados por los ocupantes para poder reclamar en los juzgados los perjuicios causados

Esta actuación policial garantiza el cumplimiento de la normativa administrativa poniendo fin a la acción ilícita sin necesidad de que la situación se extienda a la jurisdicción penal, no obstante en algunos casos, el propietario podrá devenir al ámbito civil.

3.9.2. Actuaciones urgentes en materia urbanística

Ocasionalmente, las ocupaciones se efectúan en circunstancias que afectan la seguridad estructural o la **habitabilidad** de los inmuebles, lo que deriva en actuaciones complejas en la **materia urbanística**. Por ello, los agentes actuantes en su intervención deben hacer las comprobaciones oportunas para detectar irregularidades graves que pongan en riesgo a las personas o bienes.

Por tanto, cuando se trate de **inspección de inmuebles peligrosos**, la actuación policial debe coordinarse con los **técnicos municipales** o **servicios de inspección urbanística,** además de llevar a cabo inspecciones cuando el estado del inmueble suponga un peligro grave y relevante. Del mismo modo **colaboran con otros servicios** cuando la situación lo exija, como por ejemplo cuando intervengan los **Servicios de Extinción de Incendios y Salvamento (SPEIS) o en su caso técnicos municipales,** para evaluar el riesgo y minimizarlo adoptando medidas correctoras urgentes para garantizar la seguridad de las personas.

Respecto a la **ejecución subsidiaria** (Art. 102 de la Ley 39/2015 de 30 octubre del Procedimiento Administrativo Común de las Administraciones Públicas) la actuación policial se ajustará en su intervención a **obras o instalaciones de inmuebles** cuyos propietarios hayan sido requeridos por parte de la Administración para realizar tareas de conservación o demolición pero hayan hecho caso omiso a dicho requerimiento. En el caso de que el edificio ponga en peligro la seguridad, la administración puede ordenar la ejecución subsidiaria, lo que conlleva a tomar medidas de **acordonamiento, desalojo y seguridad estructural del inmueble**.

3.9.3. Inmuebles en situación de ruina física inminente

Si la ocupación ocurre en inmuebles que presentan estado de ruina física inminente, los actuantes han de actuar guardando máxima precaución para evitar males mayores. Un edificio en ruina se distingue por tener deterioros en sus infraestructuras que ponen en riesgo la vida o integridad de sus ocupantes e incluso de personas que transiten cerca del inmueble. Ante esta situación, la acción policial discurre de la siguiente manera:

- **Acotamiento del lugar:** Se deberá disponer de un perímetro de seguridad, acotando la zona que podría verse afectada por un derrumbe, usando por ello cinta de balizamiento de policía. Esta medida es muy importante para proteger a los transeúntes y vecinos del inmueble.

- **Desalojo del inmueble:** Si el inmueble se encuentra ocupado, ya sea de forma lícita o ilícita, los agentes procederán a desalojar a los ocupantes de manera inmediata, priorizando su seguridad. Si alguno de los ocupantes se niega a abandonar el lugar, los agentes podrán hacer uso de la coacción legítima conforme al Art. 15.2 de la LOPSC, que permite la actuación en situaciones de peligro grave e inminente.

- **Actuaciones complementarias:** En función de las necesidades, se solicitará la colaboración de servicios de emergencias (Protección Civil, servicios sociales, bomberos) para garantizar el desalojo seguro de las personas, especialmente si hay personas con discapacidades o dificultades de movilidad.

Una vez completado el desalojo y acordonada la zona, los **técnicos municipales** evaluarán el estado del edificio y propondrán medidas correctoras, que pueden incluir la **demolición parcial o total** del inmueble si no es seguro.

3.9.4. Molestias o daños al vecindario

En cuanto a las molestias o daños al vecindario, en bastante ocasiones, la ocupación ilegal de inmuebles provoca molestias y daños colaterales que afectan gravemente a los vecinos del lugar. Las molestias más cotidianas están relacionadas con **ruidos, malos olores, acumulación de basura y deterioro de las condiciones de convivencia**. Por tanto, la actuación policial se realizará de la siguiente manera:

- **Comprobación de molestias:** Se deberán constatar las molestias denunciadas por los vecinos, esto incluirá inspección ocular, toma de pruebas como mediciones de ruido o reportajes fotográficos, así como testimonios de testigos o vecinos.

- **Cese de actividad:** Los Agentes identificarán a los responsables de las molestias y a requerir de inmediato el cese de las actividades causantes.

- **Denuncias administrativas:** Todas las denuncias según el caso serán corregidas administrativamente bien por la Ley de Seguridad Ciudadana o por la ordenanza al efecto, asimismo los agentes levantarán **actas de denuncia** para iniciar los procedimientos sancionadores pertinentes.

BIBLIOGRAFÍA

Legislación

Constitución Española (1978).

Código Penal Español (Última modificación: 2022).

Ley Orgánica 2/1986, de 13 de marzo, de Fuerzas y Cuerpos de Seguridad.

Ley Orgánica 4/2015, de 30 de marzo, de Protección de la Seguridad Ciudadana.

Ley 5/2014, de 4 de abril, de Seguridad Privada.

Ley 12/2023, de 24 de mayo, por el Derecho a la Vivienda.

Ley 39/2015, de 30 de octubre, del Procedimiento Administrativo Común de las Administraciones Públicas.

Ley 1/2000, de 7 de enero, de Enjuiciamiento Civil (modificada por Ley 5/2018).

Ley de Enjuiciamiento Criminal.

Real Decreto 42/2022, de 18 de enero.

Instrucciones y Circulares

Instrucción 6/2020, de la Secretaría de Estado de Seguridad, sobre la actuación de las Fuerzas y Cuerpos de Seguridad del Estado ante la ocupación ilegal de inmuebles.

Instrucción FGE 1/2020, sobre medidas cautelares en los delitos de allanamiento de morada y usurpación de inmuebles.

Instrucción 13/2018, de 17 de octubre, de la Secretaría de Estado de Seguridad, sobre la práctica de los registros corporales externos.

Instrucción 1/2017, de la Secretaría de Estado de Seguridad, "Protocolo de actuación policial con menores de edad".

Circular 2/1994, de la Secretaría de Interior, sobre identificación de personas.

Protocolo Marco sobre determinadas actuaciones en relación con menores extranjeros no acompañados (Resolución de 13 de octubre de 2014).

Jurisprudencia

Sentencias del Tribunal Constitucional:

STC 341/1993.

STC 37/1989.

Sentencias del Tribunal Supremo:

STS 115/2003.

STS 1775/2000.

STS 800/2014, de 12 de noviembre.

STS 94/1999.

STS 399/2018.

STS 222/2022, de 5 de mayo.

Libros y Publicaciones Académicas

Mozas Pillado, J. (2021). Ocupantes ilegales de inmuebles. Una perspectiva penal y criminológica.

Obregón, C. (2022). Anatomía de la okupación de vivienda en España. El Economista.

Suárez Polo, B. (2016). Okupación de Centros Sociales: El Caso del CSOA La Madreña. Universidad de Oviedo.

Adell Argilés, R., Martínez López, M., & Alcalde Villacampa, J. (2004). [Título no especificado].

Harvey, D. (2000). La condición de la posmodernidad.

Martínez, M. A. (Coord.) (2016). Espacios en disputa.

González-García, R. (2016). Movimientos sociales y vivienda en España.

Santafé, A. (2019). Análisis contra la criminalización del Movimiento Okupa en España.

Informes y Datos Oficiales

Ministerio del Interior (2021). Datos de usurpación de viviendas.

Plataforma de Participación Ciudadana de la Región de Murcia (2021). Manual de Buenas Prácticas contra la Okupación de Viviendas en la Región de Murcia.

Artículos y Reportajes

Iberley (2024). Empresas "Desokupas": ¿al límite de la legalidad?.

La Vanguardia (2024). Desahucios y okupación: cambios y efectos de la nueva Ley de Vivienda.

Público (2015). Movimiento 'okupa': 30 años de lucha urbana contra la economía de mercado.

Wordpress (2021). La okupación como analizador. Historia 1985-2000.

Formación y Cursos Policiales

Usurpaciones: Delito contra el patrimonio. Actuación policial ante las empresas desokupas. Adaptación a la normativa y nueva instrucción.

El fenómeno okupa y la repercusión en la sociedad.

www.ingramcontent.com/pod-product-compliance
Lightning Source LLC
Chambersburg PA
CBHW040148010726
47475CB00039B/489